ABOLITION

DU

SYSTÈME PROHIBITIF DES DOUANES.

169, pour les Chemins etc.

DIGNE. — TYPOGRAPHIE DE REPOS,
Cours des Arès, 5.

ABOLITION

DU SYSTÈME PROHIBITIF

DES DOUANES,

GRANDE EXTENSION DU COMMERCE EXTÉRIEUR

OU

ENTRETIENS SUR LE COMMERCE EXTÉRIEUR SE RATTACHANT AU RÉGIME PROTECTEUR DES DOUANES, A LA LIBERTÉ DU COMMERCE ENTRE PEUPLES, AU CRÉDIT COMMERCIAL ET FONCIER, AVEC DES OBSERVATIONS SUR LES QUESTIONS AGITÉES ENTRE LES SOCIALISTES ET LES ÉCONOMISTES;

PAR ZEPHIRIN JOUYNE,

Ancien Avoué de l'Administration des Douanes près la Cour d'Appel d'Aix, Membre de la Société centrale d'agriculture des Basses-Alpes, Membre correspondant de la Société Statistique de Marseille, Membre du Congrès agricole de Paris, en 1847, etc.

A PARIS,

CHEZ GUILLAUMIN ET Cie, RUE DE RICHELIEU, 14;
LEVI, FRÈRES, RUE VIVIENNE, 1;
CAPELLE, RUE DES GRÉS-SORBONNE, LIBRAIRES.

1849.

AVANT-PROPOS.

Quand un peuple fait une Révolution pour modifier sa position politique et sociale, il faut que la législation, sur les intérêts matériels du pays, soit retouchée et même fondée sur une nouvelle base.

Malgré la terrible commotion que l'industrie manufacturière de la France a éprouvée dans la première phase de la Révolution de Février, on ne peut laisser debout le régime des douanes, tel qu'il a été créé par la Convention, le Directoire, l'Empire, la Restauration et le Gouvernement de Juillet.

Il faut revenir aux principes proclamés par la première Assemblée nationale et se baser sur la loi du 15 mars 1791. Mais il faut proclamer ces principes d'une liberté plus absolue du commerce extérieur entre tous les peuples, sans agraver la position que la Révolution de 1848 a faite à l'industrie française. J'ai cru opportun de publier, en forme d'*entretiens*, mes études sur le régime actuel des douanes et sur l'incisive modification qu'il est indispensable de faire subir à la législation des douanes, notamment aux tarifs. Une législation nouvelle des douanes, doit aider à résoudre le problème si difficile de l'organisation du travail.

Je donne l'origine du système prohibitif des douanes. J'établis qu'il ne peut plus fonctionner sur les mêmes bases.

C'est à ce régime de nos douanes qu'il faut attribuer l'excentricité (1) de notre industrie manufacturière, qui nous a conduit à une perturbation sociale.

J'ai la pensée, et elle est profonde, que les peuples ne peuvent acquérir un bien-être, non-seulement général, mais *individuel*, qu'en amassant de grandes richesses.

Ces richesses ne peuvent être amassées, malgré les efforts mêmes inouïs qui peuvent être faits par un peuple intelligent et laborieux pour amé-

(1) Cette excentricité a été constatée par le lumineux Rapport de M. Blanqui aîné, membre de l'Institut, professeur au Conservatoire des Arts et Métiers, sur la position sociale des ouvriers des fabriques. Rapport qui contient des idées profondes en économie sociale.

liorer son agriculture, qu'en se livrant à des exportations et importations considérables, que par des débouchés innombrables, qu'en explorant toutes les régions du globe. Par un commerce extérieur immense, les industries agricole et manufacturière accroîtront leurs produits. Partout où la consommation est assurée, la denrée et la marchandise y sont transportées ; c'est une oscillation qui est dans la nature.

Ce ne sera plus de l'antagonisme entre patrons et ouvriers ; mais de l'*émulation*. La concurrence ne se montrera que sur les marchés étrangers : là elle est inévitable.

Cette concurrence pourra-t-elle être pernicieuse à la France ?

N'a-t-elle pas tous les éléments d'une grande prospérité, la liberté en politique, le talent, le travail manuel, le capital ? Ne doit-elle pas devenir, à pas de géant, la première nation industrielle ?

J'ai rattaché au commerce extérieur les principaux éléments de l'économie sociale et politique : l'éducation spéciale à chaque industrie, le crédit commercial et foncier, l'association ; ce qui m'a amené à combattre des idées *anti-sociales* des sectes qui se qualifient *socialistes*.

Je prie le lecteur de ne considérer ni la forme,

ni quelques répétitions devenues quelquefois nécessaires dans un dialogue.

En publiant cet écrit, j'ai voulu poser, si c'est possible, quelques pierres d'assises à l'édifice industriel qu'il faut se hâter de reconstruire sur des bases tellement solides, qu'elles soient inébranlables et inaccessibles aux commotions politiques.

ENTRETIENS

ENTRE

UN ÉCONOMISTE ET UN INDUSTRIEL,

SUR LES

QUESTIONS D'ÉCONOMIE SOCIALE ET POLITIQUE

QUI SE RATTACHENT AU COMMERCE EXTÉRIEUR ET AUX DOUANES.

PREMIER ENTRETIEN.

Vrais principes du commerce extérieur; observations générales sur le système prohibitif des Douanes.

L'ÉCONOMISTE. Une nouvelle ère commence pour la France; n'est-ce pas le moment de nous entretenir des questions sociales et politiques qui se lient aux industries agricole, manufacturière et commerciale?

Discourons notamment sur la liberté du commerce extérieur, en harmonie avec les nouvelles institutions du pays.

L'INDUSTRIEL. Allez-vous professer la liberté absolue du commerce entre tous les peuples? peut-elle être proclamée au point où la civilisation actuelle est parvenue? avec les relations incessantes des Peuples civilisés, entre eux?

L'Économiste. Je suis loin de partager les opinions des économistes qui demandent l'abolition des lignes des douanes. Je ne pose pas, en principe, la liberté absolue du commerce extérieur; mais un régime de douanes plus libéral est devenu indispensable.

L'Industriel. L'industrie manufacturière française a besoin d'une protection efficace contre la concurrence étrangère. Cette protection ne peut reposer que sur une législation de douanes basée sur la prohibition des objets des manufactures étrangères, notamment sur les produits des fabriques anglaises, ou au moins sur des droits très-élevés qui sont classés dans les prohibitions.

L'Économiste. Commençons d'abord par développer les seuls et vrais principes du commerce extérieur de nation à nation.

Un pays comme la France, à la fois agricole, industriel et maritime, doit avoir de vastes débouchés dans les pays étrangers, pour l'excédant de ses produits. Ne doit-il pas recevoir en échange des produits qu'il exporte, les denrées et matières que son sol refuse de produire ou qu'il ne produit qu'en partie?

L'Industriel. C'est incontestable! le sol de la France ne donne ni le coton, ni le café, ni le thé, ni le cacao, ni le poivre, indigo, cochenille et autres drogueries. Les pays étrangers doivent nécessairement pourvoir la France de ces denrées.

Il est indispensable d'admettre à l'importation, le coton matière première exotique. Sans le coton nos fabriques de cotonnades, si nombreuses aujourd'hui, et celles d'étoffes de coton peintes ne pourraient fonctionner. Sans cette matière première auraient-elles pu s'établir et doter la France d'une belle et riche fabrication. Mais l'échange qui s'opère avec paiement des droits d'entrée et de sortie, ne ressemble nullement à l'échange d'un pays qui n'aurait pas des douanes pour intermédiaire.

L'administration des douanes est là pour établir *une balanee de commerce* au profit de la nation qui l'a sagement constituée. Il y a avantage réel pour un pays de solder son échange en produits. S'agit-il de denrées qui se consomment, comme les grains, le sucre, le café, le thé? Si les achats de ces denrées se font en *numéraire*, le pays s'en dégarnit. S'agit-il au contraire des matières premières comme coton, laine, soie? L'achat qui en est fait en numéraire, enrichit le pays.

Ces matières travaillées *quintuplent* de valeur. Le numéraire employé à leur achat, qui est sorti du pays, y rentre avec un bénéfice considérable, par l'exportation des marchandises dont elles sont le produit. Cette exportation donne au besoin en retour, des lingots d'or et d'argent.

L'ÉCONOMISTE. Vous venez de développer des principes sur le commerce extérieur qui me paraissent incontestables ; puisque vous avez établi avec précision la différence entre l'achat d'un objet fait en numéraire et l'échange d'un produit avec un autre produit.

C'est *l'aller et le retour d'un navire avec des cargaisons* qui constitue réellement l'échange. Chaque pays ne fait-il pas respectivement une opération fructueuse? il en est des peuples comme des individus, par l'échange chacun obtient ce qui est nécessaire à sa subsistance.

Le numéraire n'est exporté avec perte pour le pays, que dans un moment de crise, surtout *dans une disette.*

Contraint par la force des choses de pourvoir à des besoins urgents, le pays doit ou envoyer des navires *en lest* sur les marchés de production, pour y faire l'achat des grains en numéraire, ou recevoir dans ses ports les navires étrangers chargés de grains. Ces navires retournent *en lest* avec le numéraire du pays, quand les règlements et tarifs des douanes s'opposent à *des retours*, par leur exagération ou par suite du système prohibitif.

Du moment qu'il y a perturbation dans le pays, que l'échange n'est plus régulier, qu'il n'y a plus *balance de commerce,* dans le vrai sens du mot, le pays se trouve dans la cruelle nécessité de faire ses achats en grains avec du numéraire. De là, crise commerciale qui, semblable à l'ouragan, bouleverse le sol industriel.

Dans un temps ordinaire, l'échange en produits respectifs est la règle. Le navire doit faire *son retour* en marchandises pour avoir *double fret.*

Sans retour en marchandises l'armateur essuye une perte ; ou bien le *fret de l'aller* a été très-fort, alors la marchandise éprouve une mévente sur le marché étranger s'il y rencontre une concurrence.

Tout système prohibitif ou protecteur doit donc plus ou moins paralyser l'échange entre peuples. Jeter dans la tourmente une grande puissance dont la population est en progrès, si par une sage et bonne législation sa subsistance n'est pas assurée.

Les récoltes des grains sont à la merci du temps. L'intempérie des saisons doit être prévue par le législateur : l'importation des grains doit être, autant que possible, libre.

L'INDUSTRIEL. Les principes sur le commerce extérieur que nous avons l'un et l'autre exposés, peuvent-ils avoir un rapport direct avec l'industrie manufacturière ? Cette industrie n'a-t-elle pas besoin d'être fortement protégée contre l'importation des objets fabriqués à l'étranger ?

Si les *libres échangistes* se bornaient à demander la modération dans les tarifs des douanes pour les denrées coloniales, pour les grains, pour les matières premières, il y aurait très-peu de dissidence entre eux et les *protectionistes.*

Pour prospérer, la fabrication d'un pays doit toujours fonctionner avec des matières premières à bon marché et employer des ouvriers dont les salaires assurent leur bien être. Mais l'ouvrier qui paiera sa nourriture, son confortable, à un prix élevé, exigera naturellement des salaires très-élevés, ou il traînera une existence pénible et orageuse.

L'Économiste. Pourquoi ne pas permettre l'importation avec paiement des droits d'entrée peu élevés, des marchandises fabriquées à l'étranger, actuellement prohibées, si nos produits manufacturés ont atteint le dernier degré de perfection, si nous fabriquons au même prix que les Anglais, nos rivaux en industrie? ou modérer les droits de celles qui sont importées? droits tellement élevés qu'ils équivalent à la prohibition.

L'Industriel. L'Angleterre a une supériorité, en fabrication sur la France, incontestable. La constitution minérale de son sol est très-ferrugineuse. N'a-t-elle pas des bassins houillers en abondance et convenablement répartis ?

Les Anglais ont, pour transporter la houille et autres minerais, aux principaux centres de consommation, la mer, les canaux, les chemins de fer, une marine agile et active. N'y a-t-il pas réunion de combustibles, de minerais, de fer et de fondant, dans ce pays sillonné en tous sens, par des voies de communication perfectionnées?

L'Angleterre extrait dix fois autant de houilles que la France; ses hauts fourneaux donnent des produits en fer, quintuplent à ceux des hauts fourneaux français; sa fabrication en cotonnades est aussi quintuple de la nôtre; son exportation en fer est presque double. Son exportation en cotonnades est vingt-cinq fois plus considérable que celle de la France.

L'accroissement incessant de son industrie manufacturière est le but politique de l'Angleterre. Son Gouvernement est toujours en mesure de faire des sacrifices pour procurer des débouchés aux produits manufacturés.

L'Économiste. Est-il étonnant que la fabrication anglaise excède celle de la France en cotonnades et en tissus de laine? L'Angleterre a des débouchés dans ses possessions d'outre-mer et dans les continents des deux hémisphères, dont la France est privée.

La Grande-Bretagne a une marine marchande qui est presque multiple de la marine marchande française. Son exportation doit être naturellement plus importante et proportionnée à ses moyens de navigation. Mais la France a une masse de numéraire supérieure à celle des autres pays; elle en est même plus pourvue que l'Angleterre; elle peut donc augmenter son capital industriel.

En faisant refluer vers l'agriculture et le commerce maritime le numéraire qui est engouffré dans un agiotage honteux, la France accroîtrait la production de son sol, augmenterait et perfectionnerait sa marine marchande.

Pour ce faire, il faudrait aux Français cet esprit d'association, cette persévérance dans les grandes entreprises dont les Anglais sont doués. Le pays grandirait alors en prospérité, dans ses trois industries, agricole, manufacturière et commerciale.

Aurait-on à redouter la concurrence étrangère ?

L'INDUSTRIEL. Dieu nous garde de la concurrence anglaise sur notre marché ! Elle écraserait notre industrie manufacturière. L'Angleterre inonderait la France de ses produits manufacturés. Elle les vendrait sur notre marché, à vil prix, dans l'unique but de détruire en entier la fabrication française.

Nous verrions aussitôt des bazars anglais dans chacune de nos villes, un entrepôt dans chaque bourg et village, même dans le plus petit hameau. Notre population agricole rechercherait le bon marché : à prix égal, les produits anglais s'écouleraient de préférence aux produits français.

On est encore imbu, en France, de l'idée que l'Anglais fabrique avec plus de solidité, avec des matières plus pures.

Vous vous rappelez cette préférence donnée aux aiguilles, aux piqués anglais, aux toiles de Hollande, aux velours d'Utrecht, sur les mêmes objets fabriqués en France.

L'ÉCONOMISTE. La France serait-elle restée dans le *statu quo* depuis la paix générale, pendant que l'Angleterre progressait ? En tenant ce langage, vous injuriez les fabricants français.

La fabrication française égale au moins en perfection celle de l'Angleterre; mais les fabricants qui ont le monopole du marché français tiennent à le conserver.

L'Industriel. Il est certain que nous sommes restés dans le *statu quo* par rapport à l'Angleterre, à cause de sa marche ascendante, en fabrication. Ses fabriques ne peuvent chômer. N'est-elle pas comprimée par la classe ouvrière qui veut du travail à quelque prix que ce soit ?

Une diminution dans la production manufacturière jette toujours l'Angleterre dans une crise commerciale. Elle éprouve alors une commotion dont le monde commercial se ressent plus ou moins.

L'Économiste. Si l'industrie française n'a pas, ce qui est douteux, la même impulsion que celle de l'Angleterre, pourquoi ne pas la lui donner?

N'avons-nous pas le sol, la position géographique, des savants dans les sciences, dans les arts, des ouvriers habiles, des ressources financières, autant que l'Angleterre. Les deux pays devraient être égaux en prospérité industrielle ; mais par des voies différentes. Les produits des deux nations pourraient être importés réciproquement, sans inconvénient, avec des *droits d'entrée modérés*.

L'Industriel. Comment pourrions-nous admettre l'introduction des marchandises anglaises tarifiées à des droits modérés? notre classe ouvrière n'est-elle pas intéressée au maintien du système prohibitif? la fermeture de nos ateliers en serait l'inévitable conséquence ; des familles entières d'ouvriers seraient tout à coup plongées dans un affreux dénûment.

On frémit en songeant quel serait le résultat de l'importation des marchandises étrangères aujourd'hui prohibées ou frappées d'un droit prohibitif.

Si la France a une industrie manufacturière florissante, ne faut-il pas l'attribuer à son système prohibitif? l'Angleterre a été la première puissance qui ait fait du régime prohibitif la base de sa législation des douanes. Sa fabrication ne s'est perfectionnée que protégée par les prohibitions.

Si l'industrie manufacturière anglaise est supérieure à celle des autres pays, elle le doit à cette persistance que le gouvernement anglais a mise à repousser de son marché intérieur et de ses possessions, les similaires des objets qu'elle fabrique.

L'Économiste. La Grande-Brétagne dirige cependant ses vues économiques vers une liberté plus absolue du commerce extérieur. N'a-t-elle pas modifié la rigueur de ses tarifs, en imposant à l'importation, des marchandises prohibées, et amplement modifié sa législation sur les grains?

L'Industriel. Je persiste à dire, qu'une protection absolue est indispensable à l'industrie manufacturière du pays.

Au surplus, l'association qui avait pris la qualification du *libre-échange*, ne veut, sous aucun rapport, même une modification dans les tarifs. Non-seulement elle demande l'abolition des prohibitions; mais encore la suppression des lignes de douanes.

L'Économiste. Vous donnez une fausse interprétation aux vues des *libres-échangistes.* Elles ne sont pas absolues. Le libre-échange ne doit pas être pris dans l'acception du mot.

L'INDUSTRIEL. Ne pouvait-on pas donner une qualification plus en rapport avec les idées des *ligueurs anglais* qui réclament de grandes et amples modifications dans le régime des douanes de la Grande-Bretagne? ont-ils jamais eu la pensée de demander la suppression des douanes? ils se sont bornés à les vouloir *purement fiscales.*

L'ÉCONOMISTE. En l'état des constitutions politiques des peuples civilisés, le *libre-échange* ne peut être la liberté absolue du commerce extérieur; par conséquent l'abolition des lignes des douanes. Mais le mot doit parfaitement représenter l'*opposé de la protection* dont jouissent les produits manufacturés d'un pays, par des prohibitions, ou par des droits très-élevés.

Pouvait-on, par opposition au régime protecteur, qualifier *échange* un système plus libéral? l'échange embrasse toutes les transactions commerciales, entre peuples. Désigner sous le nom de *libre-échange*, la grande et fructueuse extension que pourrait avoir l'industrie commerciale de la France, avec l'étranger, en supprimant les prohibitions et les droits presque prohibitifs qui ralentissent la consommation, ce n'est pas proclamer la liberté absolue du commerce extérieur, sans douanes, c'est demander, dans les relations commerciales avec tous les peuples, un ordre de choses plus libéral, basé et assis sur les droits internationaux.

Faisons-nous une concession? convenons que le *libre-échange*, dans les sociétés modernes et même dans les rapports commerciaux entre tous les peuples, doit être entendu dans ce sens! *Liberté d'importation de tous les produits étrangers, en payant des droits d'entrée modérés.*

L'Industriel. Entendu même dans ce sens, le *libre-échange* serait toujours funeste au pays dont l'industrie manufacturière aurait fait beaucoup moins de progrès, que celle d'un autre pays, que celle d'une puissance éminemment industrielle et maritime comme l'Angleterre.

L'Économiste. L'importation en France des objets fabriqués, de quelque origine qu'ils fussent, aurait un résultat tout-à-fait contraire à celui que vous redoutez. Elle amènerait une concurrence licite, ferait naître une *émulation* qui tournerait bientôt à l'avantage de la France (1).

(1) « La concurrence est le mobile le plus actif et le plus puis- » sant qu'on connaisse pour exciter l'émulation; la fortune de » l'ouvrier dépend essentiellement du bas prix auquel il peut livrer » des produits de même qualité que ceux de ses concurrents; son » amour-propre et son intérêt le portent donc toujours à faire » mieux. Ainsi la réputation et les profits s'établissent d'après le » talent; et la marche de l'industrie ne s'accélère que *par les* » *efforts du génie des artisans.* Mais tous ces ressorts qui sont » nécessaires aux progrès de l'industrie, ne peuvent être mis en » activité que par l'*émulation* et l'émulation n'existe que là où il » y a concurrence, parce que ce n'est que là qu'il y a intérêt et » besoin de mieux faire. » M Chaptal, *De l'industrie française*, tome 2, page 336.

Le français a le génie de l'invention et surtout de la perfection. Quel est le français et l'étranger qui n'admirent pas le *fini* et la *perfection* de nos objets fabriqués ? notre fabrication est aujourd'hui une des gloires du pays et un *signe* au moins apparent de sa prospérité. Mais la fabrication de la France ne serait-elle pas dans une excentricité fâcheuse à cause du manque de débouchés ?

Manquant de débouchés très-étendus, l'industrie manufacturière française est exposée à des crises toujours très-funestes à la classe ouvrière.

Cette industrie poussée à l'excès, sans avoir prévu l'écoulement sur les marchés étrangers, a créé l'*industrialisme* qui a une grande influence sur les mœurs. Elle a surtout déplacé des individus qui auraient été plus heureux, qui vivraient avec moins d'angoises, s'ils n'avaient pas quitté la charrue pour la navette.

L'Industriel. Il peut y avoir par fois surabondance de produits, engorgement même, le manque de débouchés peut y contribuer ; mais nous aurons toujours des débouchés dans les pays qui échangeront les denrées de leurs sols, ou des matières premières avec nos produits fabriqués.

Pour avoir des débouchés considérables, il faudrait donner plus de protection à notre marine marchande, construire des navires à meilleur marché, mettre moins de luxe dans la formation de l'équipage. Alors le frêt serait moins cher, et les navires feraient très-rarement des retours en *lest*.

On devrait surtout former de bons marins, des capitaines instruits, expérimentés. La France ne saurait faire trop de sacrifices pour explorer de nouvelles contrées où nous importerions les produits de nos industries.

Nous avons perdu, en 1814, le monopole des marchés de l'Europe. Mais sans toucher au régime prohibitif de nos douanes, par l'extension sagement combinée que pourrait prendre notre navigation maritime, nous devons entrer en concurrence avec les Anglais, sur tous les marchés du Globe : non-seulement sur ceux de l'Europe qui deviennent d'un jour à l'autre moins nombreux ; mais encore sur ceux de l'Asie, de l'Afrique, de l'Amérique et des Régions australes.

Des navires anglais et américains sillonnent en grand nombre les parages de la Chine, ceux de l'Océanie, et le pavillon français n'y flotte qu'en minorité. On dirait quasi qu'il n'ose pas s'y présenter. Imitons l'Angleterre qui, outre des possessions immenses, a une marine marchande qui couvre les mers, sous l'abri de son acte de navigation! Est-il étonnant que cette nation ait une tendance à abandonner le système prohibitif, ayant la domination des mers?

Ne cherchons ni à détruire ni à diminuer le nombre de nos fabriques ; mais hâtons-nous de créer des débouchés en vastes réseaux, hors d'Europe, que nos navires marchands se multiplient aussi, sur toutes les mers !

L'Économiste. Les débouchés qui nous sont indispensables pour atténuer les effets du trop plein de notre fabrication, s'obtiendraient par une liberté mieux entendue, dans le commerce extérieur, ou soit par *le libre-échange* tel que je l'ai expliqué.

Les autres peuples n'échangeront leurs produits avec les produits français, qu'à charge de réciprocité, et par des droits d'entrée modérés. C'est ce qu'exigent les pays qui font des traités de commerce avec nous.

Ces traités ne sont-ils pas toujours basés sur l'importation respective des produits des pays contractants, avec des droits d'entrée moins élevés que ceux du tarif général? Ne concède-t-on pas aussi la réciprocité dans les droits de navigation, par exception à notre acte de navigation?

Ce que vous cédez par des traités de commerce, faites-en la base de vos tarifs; vous aurez bientôt des relations commerciales avec tous les peuples; votre navigation maritime se perfectionnera. Elle égalisera d'abord et surpassera un jour celle de l'Angleterre.

L'Industriel. Le système prohibitif n'est jamais un obstacle aux traités de commerce. Il est respecté dans ces traités pour les similaires de nos objets fabriqués.

Les fabricants anglais ont un avantage immense sur nous, en tirant en très-grande partie, les matières premières de leurs colonies, directement par navires nationaux.

Par patriotisme, pour faire crouler nos fabriques, les ouvriers anglais provoqueraient eux-mêmes le rabais de leurs salaires qui sont plus élevés que ceux des ouvriers français.

L'Économiste. Avec des droits d'entrée modérés à l'importation de toutes les marchandises et denrées, nous aurons des moyens d'échanges qui augmenteront nos richesses, en même temps *nos revenus publics*. Les perceptions des douanes seront *quadruples*.

Les peuples qui importeront en France les objets de leur fabrication, comme l'Angleterre par exemple, exporteront en retour les produits de nos industries agricole et manufacturière, ou de notre fabrication en tous genres.

Ces deux industries créeront forcément plus de produits, et une navigation maritime digne d'une grande et puissante nation comme la France, sera le résultat inévitable de l'accroissement des industries du pays.

L'Industriel. N'avons-nous pas une concurrence entre fabricants, qui est affligeante et désastreuse? Voudriez-vous que nous eussions encore à lutter contre celle des étrangers?

Cette offre de leurs produits, que les fabricants sont dans la nécessité de faire faire par des commis-voyageurs, est une plaie de notre époque.

Malgré cette armée de commis en marche toute l'année, si les objets fabriqués à l'étranger étaient importés sans restriction, n'y aurait-il pas encombrement dans nos produits et vilité de prix? une crise des plus terribles en serait la conséquence. Plus on y réfléchit, plus on a la conviction, qu'en introduisant en France les objets fabriqués à l'étranger, aujourd'hui prohibés, on saperait jusqu'à sa base notre édifice industriel.

L'ÉCONOMISTE. J'espère réfuter victorieusement, dans le cours de nos entretiens, ces idées de protection outrées, enracinées dans votre esprit et présentées au pays sous un faux jour, par les protectionistes, à l'aide de ces mots qui ont toujours du prestige, PROTECTION DU TRAVAIL NATIONAL.

L'INDUSTRIEL. Par une modification dans les droits d'entrée de nos tarifs de douanes, notre agriculture serait violemment atteinte.

Les laines, la soie, les graines oléagineuses et autres produits agricoles indigènes se vendraient au-dessous du prix de revient.

Les houilles, production du sol français, ne pourraient être extraites avec profit. Les hauts fourneaux donnant du fer, de la fonte, de la tôle, de l'acier, éprouveraient des pertes. Ces usines ne pourraient se soutenir.

La modification devant aussi s'étendre sur les droits d'entrée des bestiaux étrangers, les agriculteurs qui élèvent et engraissent des bestiaux, auraient nécessairement à supporter un grand préjudice qui influerait sur les prix des fermages et sur la valeur des terres.

Les éleveurs français pourraient-ils lutter contre les nourrisseurs étrangers? Multiplier les bestiaux, c'est procurer à l'agriculture une masse considérable d'engrais. Les terres n'en sont que plus fertiles ; les récoltes de céréales vont en progressant, les disettes sont plus rares.

Ne serait-ce pas toucher à l'alimentation du peuple, aux subsistances dont le plus ou moins de cherté tient le pays en émoi?

Le régime prohibitif ou de protection de la législation des douanes actuelle, est celui que doit adopter un pays qui embrasse toutes les industries.

L'Économiste. Avant d'aborder les questions d'économie sociale et politique qui se lient aux industries du pays, il est à propos de donner un aperçu historique de l'industrie manufacturière française. Je dois en outre rappeler à votre souvenir à quelles causes sont dûs le régime prohibitif, le blocus continental, le maintien des prohibitions et des droits élevés; régime surchargé, depuis la paix, de primes à l'exportation.

L'Industriel. Il est en effet indispensable de remonter à l'origine du régime prohibitif. Il est généralement ignoré.

DEUXIÈME ENTRETIEN.

Historique de l'Industrie manufacturière française. — Système prohibitif. — Blocus continental. — Leurs effets.

L'Économiste. Avant la révolution de 1789, la fabrication française était en quelque sorte dans les langes.

Les jurandes, les maîtrises qui avaient une mission réellement utile, lorsque la fabrication du pays était bornée, étaient devenues un obstacle presque insurmontable pour son développement.

Les corps de métiers surveillaient en même temps les patrons et les ouvriers. Les communautés avaient un esprit de corps qui était bienfaisant, sous le point de vue moral, Il y avait là un principe de garantie contre la fraude, qui n'existe plus.

L'hiérarchie entre le patron et l'ouvrier, était fondée sur l'obéissance morale de l'ouvrier : c'était même un principe religieux.

Mais l'envie et la jalousie siégeaient dans ces corporations, comme dans toutes les corporations de gens du même métier.

Le patron qui voulait fabriquer avec plus d'art et de perfection que ses confrères, était arrêté dans cet élan de génie, dans ces heureuses inspirations qui créent, qui inventent. Faire mieux que son confrère dans le même genre, c'était un crime de *lèse-corporation*.

L'ouvrier qui avait fait son apprentissage, ne pouvait monter un métier, après avoir fait *son tour de France*, que dans sa ville natale, et encore pourvu d'une autorisation de la maîtrise du lieu. Les plus habiles étaient presque toujours reconnus *incapables*.

L'Industriel. L'institution des maîtrises et des jurandes devait nécessairement entraver les progrès de l'industrie manufacturière. Celle des prud'hommes est plus conforme à l'esprit du siècle, si l'on parvient à la perfectionner. Il faudrait aussi des lois très-sévères contre la fraude.

L'Économiste. Les corporations n'étaient pas le seul obstacle au développement de l'industrie.

Des douanes ou bureaux de *traites* ceignaient chaque province. Une marchandise ne pouvait circuler d'une province à l'autre sans rencontrer des barrières où des droits étaient perçus. Les provinces françaises étaient étrangères les unes aux autres ; elles avaient des mesures et des poids différents. A chaque pas, le commerce intérieur rencontrait des obstacles dans son mouvement.

L'Industriel. La suppression des barrières qui entravaient le commerce intérieur et l'uniformité des poids et mesures, doivent être considérées comme un grand bienfait.

L'Économiste. L'Angleterre, depuis plus d'un siècle, n'avait plus dans son intérieur, les entraves qui avaient aussi paralysé tout progrès dans sa fabrication.

Une révocation avait dégagé l'industrie anglaise des liens qu'elle avait. Son acte de navigation date de cette époque.

La révocation de l'édit de Nantes vint doter cette puissance de la partie la plus florissante de l'industrie française. Le plus grand nombre des fabricants qui émigrèrent à cette époque, allèrent fonder des manufactures en Angleterre.

L'Industriel. La révocation de l'édit de Nantes porta un coup terrible et meurtrier à l'industrie manufacturière de la France. Elle privait le pays d'une fabrication déjà avancée; mais la France devait être, tôt ou tard, une nation industrielle.

L'Économiste. Après Colbert, nos hommes d'État et les économistes du dix-huitième siècle, avaient presque conçu de la répulsion pour l'industrie manufacturière.

Toutes les vues des économistes et des hommes d'État s'étaient portées, on peut dire avec enthousiasme, sur l'agriculture et sur le commerce extérieur.

Possédant de belles, riches et nombreuses colonies en Amérique, dans les Indes-Occidentales et Orientales, la France bornait son ambition dans sa puissance maritime. Presque tous ses échanges se faisaient, avec l'Europe et l'Asie, en denrées coloniales de ses possessions occidentales.

Nos économistes avaient pour idée fixe : que la prospérité du pays dépendait uniquement de l'amélioration de l'industrie agricole ; du grand développement qu'elle pouvait prendre.

Il y avait pourtant un obstacle aux progrès de l'agriculture. Il ne pouvait être franchi, que par une révolution. C'était les privilèges territoriaux de la noblesse, du clergé et cette masse de *biens de main morte*..

L'Industriel. Avant la révolution de 1789, on s'attachait beaucoup moins à tout ce qui pouvait reconstituer dans le pays, une industrie manufacturière.

L'Économiste. Lorsque Adam Smith publiait, en Angleterre, son *Traité de la Recherche sur la nature et les causes de la richesse des Nations*, qu'il posait en principe dans son écrit, que tous les produits d'un pays contribuaient à former la masse de ses richesses. Quesney, Mirabeau père et leur secte, rapportaient tout à l'industrie agricole ; ils agitaient cette question qui leur paraissait *vitale* pour le pays, si *la grande culture était plus productive que la petite culture*. Question qui était vide de sens; qui ne pouvait être qu'une hérésie en agronomie.

Le paysan, devenu propriétaire, sans posséder la science agricole, a résolu la question par la pratique. C'est-à-dire, que la petite culture pratiquée par le propriétaire qui cultive lui-même, par celui qui bêche, est plus productive que celle d'une grande exploitation.

Les économistes français du dix-huitième siècle, ne rêvaient que grande exploitation, *grande culture*. C'est un peu le rêve de nos agronomes de salons.

Adam Smith professait ensuite, que les produits de

toutes les industries, l'agriculture selon ses idées, était une industrie, *étaient dûs au travail.* Il faisait consister le fondement de la richesse et du bien-être du Peuple, *dans le travail.*

Adam Smith a ainsi débrouillé le cahos dans lequel tourbillonnaient nos économistes.

La fabrication anglaise eut pour pivot, sur lequel elle a constamment tourné, les principes industriels développés par Adam Smith.

Déjà en 1786, l'industrie manufacturière de l'Angleterre était très-florissante. Le prix de ses produits était alors à la portée de ce que l'on appelait en France, *le Tiers-Etat.*

Est-il étonnant qu'à la même époque, le consommateur français eut un goût prononcé pour les marchandises anglaises! qu'en 1786, un traité de commerce ait été conclu entre la France et la Grande-Bretagne?

L'introduction, dans le royaume de France, des objets de fabrication anglaise, fut une des bases de ce traité.

L'Industriel. La révolution vint à propos, pour annuler le traité de commerce de 1786 qui avait livré le marché français aux Anglais.

L'Économiste. On pourrait contester les raisons peu plausibles qui ont été données contre ce traité. Oubliez-vous qu'on a continué de l'exécuter dans les premières années de la révolution française, jusqu'au moment où la guerre éclata avec l'Angleterre?

L'Industriel. L'Angleterre n'était en paix avec nous qu'à cause de ce traité.

Les intérêts commerciaux et industriels de cette puissance sont les assises sur lesquelles sa politique repose.

L'Économiste. Il faudrait qu'il en fut de même en France.

L'Industriel. En 1789, la France se réveilla : son génie progressif fit explosion.

Elle eut à se reconstituer comme nation. Elle porta sa hache sur toutes les institutions qui tombaient de vétusté.

Elle toucha dès lors aux règlements sur l'industrie et le commerce.

En 1790, une loi de l'Assemblée nationale constituante supprima les douanes intérieures, en les maintenant néanmoins aux frontières et sur les côtes (1).

(1) Voici les motifs de la loi du 5 novembre 1790, qui abolit les droits de *traites* dans l'intérieur de la France. Ces motifs donneront une idée des grands principes sociaux qui guidaient l'Assemblée constituante :

« L'Assemblée constituante, considérant que le commerce est » le moyen de donner à l'agriculture et à l'industrie manufactu- » rière, *tous les développements et toute l'énergie dont elles sont* » *susceptibles*, et qu'il ne peut produire cet important effet, » *qu'autant qu'il jouit d'une sage liberté :*

» Considérant qu'il est maintenant *gêné par des entraves sans* » *nombre*, que des droits de traites, existant sous diverses déno- » minations et établies sur des limites qui séparaient les anciennes » provinces du royaume, sans aucune proportion avec leurs fa- » cultés, sans égard à leurs besoins, fatiguent par les modes de » leur perception, autant que par leur rigueur même, non-seule-

En même temps, la liberté de l'industrie était proclamée; les jurandes et les maîtrises étaient abolies; les grandes pensées de Turgot se réalisaient.

Ces corporations à idées étroites pouvaient-elles rester debout avec une Assemblée constituante qui avait détruit tous les priviléges, qui effaçait jusqu'aux vestiges de la féodalité, qui avait décrété, par sa *déclaration des droits de l'homme et du citoyen*, que tous les Français étaient égaux devant la loi, qui avait fait disparaître l'inégalité des castes, qui ne reconnaissait ni noblesse, ni haut clergé, ni tiers-état, qui ne voyait dans un Français qu'un citoyen?

L'Industriel. Nos législateurs avaient à fonder une industrie manufacturière qui devait répandre dans le pays de nouvelles richesses et lui donner plus de bien-être.

En 1789, la France avait des escadres fortes et vaillantes, une marine marchande qui ne le cédait en rien à celle de l'Angleterre; mais plus d'extension dans son industrie manufacturière était une nécessité.

L'Économiste. La fabrication française qui pouvait se relever en 1789, au signal de la régénération du pays, du coup que la révocation de l'édit de Nantes lui

« ment les spéculations commerciales, mais encore *la liberté individuelle*; qu'ils rendent différentes parties de l'État, étrangères » les unes aux autres; *qu'ils resserrent la consommation et nuisent par là à la reproduction et à l'accroissement des richesses nationales.* »

avait porté, ainsi que les règlements des maîtrises et jurandes, fut tout à coup frappée au cœur par la commotion révolutionnaire du régime du *comité de salut public*. Ce régime de terreur acheva de l'anéantir.

Lyon, qui avait en 1789, une fabrication en étoffes de soie importante et la seule au monde dans son genre, fut saccagée sous l'administration de fer et de sang du comité de Salut public.

Les fabricants de Lyon et des autres villes manufacturières furent autant de victimes des terroristes comme *suspects et aristocrates*.

La convention subjuguée par le comité de Salut public et par le *club des Jacobins*, ayant fixé un prix à tous les produits, ce que l'on appela le *maximum*, fit disparaître par ce décret les traces mêmes de toutes les industries.

On voulait niveler toutes les classes; utopie monstrueuse, arme meurtrière qui était dirigée contre la classe ouvrière. Restreindre la consommation des objets d'art, bannir le luxe! C'était imiter les Spartiates, l'imitation des Grecs et des Romains était à la mode; mais c'était réduire au *brouet noir* la première puissance du globe.

Après ces jours néfastes, il fallut reconstruire, ou pour mieux dire construire un nouvel édifice industriel.

L'Industriel. Pour élever des fabriques et les faire prospérer, on dût créer un régime de douanes protecteur. Ce régime pouvait-il être établi *sans des prohibitions*?

L'Économiste. Le système prohibitif était, j'en conviens, une nécessité de l'époque. La France dût adopter le système prohibitif, non-seulement pour protéger son industrie manufacturière renaissant; mais encore comme représailles contre l'Angleterre, comme projectile de guerre.

Le système prohibitif était une nécessité à une fabrication qui devait alimenter le continent européen, si les produits anglais en étaient exclus.

Ce sont ces idées profondes et vastes qui inspirèrent à la Convention nationale le décret du 1er mars 1793, annulant tous les traités de commerce ;

Celui du 18 vendemiaire an II, sur notre acte de navigation ;

Celui du 1er vendemiaire an II qui exclut du territoire français toute importation des produits anglais;

Au Directoire, le decret du 10 brumaire an V qui modifie celui de l'an II, et prohibe l'introduction des marchandises étrangères;

A l'empereur Napoléon, les décrets de Milan et de Berlin, qui commencent cette grande et glorieuse lutte contre l'Angleterre, finissant par la chûte du premier trône de l'Univers.

L'Industriel. Vous reconnaissez donc la nécessité d'un régime prohibitif.

L'Économiste. Ce qui n'est qu'une exception dans l'économie sociale d'un pays, ne peut être admis *comme principe*.

Protéger une fabrication naissante par la prohibition

de ses produits similaires étrangers, c'est forcer le consommateur à payer plus cher qu'à l'étranger, le produit français; c'est ensuite se priver d'un moyen d'échange.

Mais le cas de guerre avec toutes les puissances de l'Europe notamment avec l'Angleterre, faisait une loi à la France *de se suffire à elle-même.*

L'Angleterre avait établi devant nos ports de mer un blocus rigoureux. Renfermée dans ses côtes et frontières, la France devait forcément tout fabriquer pour ses besoins usuels. Aussi, elle remplaça le café par la chicoré, le sucre de cannes par celui tiré du raisin et de la betterave, l'indigo et la cochenille par le pastel et la garance, les barilles par la soude factice.

Ce n'était jamais, je l'ai dit, qu'une exception au grand et invariable principe de l'échange et du droit international. Ce régime exceptionnel devait cesser avec les hostilités.

L'Industriel. Une grande nation doit avant tout se suffire à elle même. La prévoyance d'une guerre maritime doit toujours la guider.

L'Économiste. Une protection poussée à son paroxisme porte toujours des fruits contrairement à ce qu'on espérait.

Le gouvernement impérial fit brèche au blocus continental pour conserver un simulacre de commerce maritime et pour s'approvisionner en denrées coloniales, principalement en coton et en café. A cet effet ne se fesait-il pas un commerce *par licences* avec l'Angleterre? on était ainsi contraint par la force des choses de violer les lois sur le blocus continental; depuis surtout que les navires neutres n'abordaient plus nos ports, sans y être saisis.

Le coton, matière première qui était affranchie d'un droit d'entrée par le tarif de 1791, paya depuis 1810 jusqu'en 1814, un droit énorme d'importation.

Ce droit pouvait-il protéger les manufactures d'étoffes de coton? Ne devait-il pas atténuer cette force de protection que l'on voulait donner à notre fabrication?

L'Indutriel. Notre commerce extérieur ne se trouvait point dans son état normal.

L'Angleterre avait la suprématie des mers, elle l'avait conquise par les batailles navales d'Aboukir et de Trafalgar.

La France ne pouvait lancer des navires en mer sans s'exposer à des prises.

Les ports français de l'Océan ne pouvaient correspondre par mer avec ceux de la Méditerranée; il fallait passer sous Gibraltar.

Les Anglais poussaient l'audace jusqu'à venir *faire de l'eau* dans nos anses, sous le feu de nos batteries.

Notre seule ressource aurait été dans le commerce des neutres; mais le blocus continental ayant été poussé à une rigueur extrême, les navires neutres étaient confisqués par les deux pays en guerre; par l'Angleterre qui foulait aux pieds le *droit des gens*; par la France qui saisissait et confisquait la marchandise suspectée d'origine anglaise, que couvrait le pavillon neutre.

L'Économiste. Le commerce maritime de la France étant bouleversé, il n'y avait plus d'échanges possibles entre nous et les pays d'outre-mer.

La France se trouvait alors dans cette alternative de faire une paix honteuse avec l'Angleterre en se mettant à sa merci, ou de faire des efforts dignes d'elle pour édifier une industrie manufacturière qui parvînt un jour à égaliser celle de sa rivale; mais l'industrie manufacturière française parvenue à fabriquer des tissus en coton, soie, laine, aussi perfectionnés que ceux des anglais, trouvait un immense débouché sur les marchés du continent; ce qui réparait même avec avantage la perte de nos colonies.

N'étions-nous pas les maîtres de ces marchés ou par nos victoires ou par nos alliances?

L'Industriel. Nos débouchés sur les marchés de l'Europe, étaient, à cette époque, très-considérables. L'Angleterre ne pouvait écouler ses produits en Europe que par la contrebande, ou en faisant des irruptions par la mer du Nord, sur les côtes de la Baltique; en brisant par intervalle un chaînon du blocus continental.

L'Économiste. C'était un moment de crise terrible pour l'Angleterre, quand le blocus continental recevait sa pleine exécution.

Elle se trouvait tout à la fois engorgée des produits de ses possessions d'outre-mer et des produits de son industrie manufacturière.

Pour sortir de cette situation qui pouvait la suicider, la Grande-Bretagne a suscité toutes les guerres de l'Empire. Son or soldait les armées de la coalition.

Les guerres si sanglantes du Portugal et de l'Espagne avaient pour uniques causes l'introduction, dans ces pays, des produits fabriqués par l'industrie anglaise, et la destruction des fabriques espagnoles et portugaises. Ces guerres étaient une nécessité, une question de vie et de mort pour la nation anglaise.

L'industrie et la navigation maritime de la Grande-Bretagne étaient paralysées par le blocus continental. Il fallait à cette puissance de débouchés chez les nations civilisées qui s'étaient créé des besoins. Les nouveaux peuples d'outre-mer commençant à peine leur civilisation, les possessions espagnoles d'Amérique ne s'étant pas encore déclarées indépendantes, consommaient en petite quantité les objets fabriqués.

Les peuples du continent d'Europe payaient de leur sang le négoce que les Anglais cherchaient à faire dans leurs pays. Le despotisme de Napoléon n'était qu'un prétexte.

Une coalition sincère entre les puissances continentales de l'Europe contre l'Angleterre, aurait fait conclure une paix générale qui aurait changé la face du monde. Il y aurait eu plus d'équilibre dans les états civilisés du globe, plus d'harmonie dans le commerce général des nations !

L'Industriel. L'Angleterre succombant dans l'exécution franche du blocus continental, par toutes les puissances du continent européen, les vrais principes internationaux auraient été la base des traités de paix ; mais les puissances du Nord et la nation portugaise pouvaient-elles interrompre leurs relations commerciales avec l'Angleterre, sans appauvrir leurs populations? Pouvaient-elles servir l'ambition de la France en sacrifiant le bien-être des peuples?

L'Économiste. Comme puissance continentale et maritime, la France doit marcher en civilisation, à la tête de toutes les nations.

En se régénérant, en 1789, elle avait à embrasser toutes les industries, tous les arts, à cultiver toutes les sciences.

On ne peut disputer à la France ce génie supérieur qui doit planer sur tous les pays. En modérant ses élans de liberté, en dirigeant vers le bien-être des peuples, ses mouvements d'un patriotisme pur, la place de la France est marquée dans l'Univers ; c'est d'être un peuple roi!

Napoléon, de son coup-d'œil d'aigle, avait saisi cette force irrésistible du peuple français ; il s'en était emparée pour que la France fut l'arbitre du monde. Il avait été impressionné par cette pensée, que les guerres soutenues par l'Angleterre contre la France, étaient des guerres industrielles et commerciales.

L'empereur Napoléon avait deviné les vues ambitieuses de la Grande-Bretagne. Il voulait anéantir cette domination des mers qui devait être un jour le sceptre du monde. De là, le blocus continental qui frappait au cœur cette puissance.

L'Industriel. Le blocus continental et le système prohibitif qui en avait été la pierre angulaire, ont cependant créé une fabrication qui n'a de rivale que celle de l'Angleterre.

Maintenons donc le régime protecteur qui a fait jusqu'ici notre prospérité. N'allons pas détruire par une liberté de commerce mal entendue, cet édifice industriel, élevé à l'aide des arts, des sciences, et avec tant de persévérance!

L'Économiste. Je ne suis pas complètement de votre avis sur toutes les conséquences du blocus continental, malgré les vastes projets et habilement combinés, de l'empereur Napoléon.

Le blocus continental créé dans une crise européenne n'a été qu'un accident dans une grande lutte, je crois l'avoir démontré.

Sans passer par de cruelles et sanglantes épreuves, la France serait parvenue et plus promptement, à une grande prospérité qui aurait eu une base solide.

Turgot, Neker et autres économistes de l'école d'Adam Smith, avaient des vues profondes et vastes sur l'industrie du pays.

L'état permanent des guerres qui n'était cependant pas dans les pensées de Napoléon, a fait faire fausse route à l'économie industrielle de la France.

Pendant nos dissensions civiles et pendant nos conquêtes, l'Angleterre s'emparait de la domination des mers.

Sans nos égarements politiques, l'empire des mers

aurait été disputé par la France à l'Angleterre. Nos escadres avant 1789 luttaient avec gloire et avantage contre celles de l'Angleterre.

Une nouvelle puissance, celle des États-Unis, était pour nous une alliée sincère.

La France était en guerre avec toute l'Europe, l'Angleterre qui attisa cette guerre par ses subsides, profita de l'état langoureux et presque nul de notre industrie manufacturière pour fabriquer et répandre les produits de sa fabrication sur tous les marchés. C'est ainsi que s'explique cette sévérité qu'elle mit dans l'exécution de son régime prohibitif, et à bloquer nos ports de mer, pour que nous fussions privés de toute exportation, d'un commerce maritime.

Les rigueurs des Anglais contre notre exportation furent extrêmes, quand la France se fut posée sa rivale pour la fabrication des étoffes de coton. Elle prohiba la sortie de ses nouvelles machines *sous peine de mort*.

A la paix générale ne devait-on pas mettre à exécution les vastes pensées de Turgot?

L'Industriel. Pouvait-on, à la paix générale, s'écarter des vues qui avaient pour base *la protection du travail national?*

A la paix, nous ne pouvions modifier nos lois et règlements des douanes sans faire crouler l'édifice que nous venions de construire avec tant d'efforts et qui avait été cimenté avec le sang de tant de braves.

Nous devenions une puissance de second ordre,

tributaires de l'étranger et principalement de l'industrie manufacturière anglaise. Le but des Anglais était atteint.

L'ÉCONOMISTE. En 1814, la France n'avait plus, il est vrai, la même position parmi les puissances de l'Europe.

Elle avait à son tour subi le joug humiliant de l'étranger. Elle avait été refoulée par les traités de 1814 et de 1815 à ses anciennes limites. De 133 départements que l'Empire français avait, le royaume de France en conservait 86.

Par l'institution des lignes des douanes dans les nouveaux états formés du démembrement de l'Empire, la France perdait des débouchés très-étendus. Les Anglais devenaient nos concurrents sur les marchés de l'Europe continentale.

Nos produits manufacturés se vendaient non-seulement, dans l'Empire français, de Rome à Altona (Bouches-de-l'Elbe), mais dans tout le continent européen où s'étendait notre domination et notre protectorat. Dans les 133 départements de l'Empire, les objets de notre fabrication pouvaient circuler librement, sans plombage, sans acquits à caution ni passavants, exempts de visites. Il y avait une liberté absolue du commerce intérieur des côtes de la Méditerranée aux côtes de la Baltique, des côtes de l'Océan aux frontières de l'Allemagne, de la Suisse et du royaume d'Italie.

En 1814, la France avait déjà une belle industrie

manufacturière, puisqu'elle pourvoyait les trois quarts de l'Europe. La paix devait, par la navigation maritime, faire faire à cette industrie de grands progrès. Mais il fallait éviter qu'elle se développât d'une manière artificielle; à cet effet, ne pas maintenir le régime trop rigoureux et surnaturel des prohibitions. Il ne fallait pas encore augmenter la protection que donne ce régime à la fabrication, *par des primes à l'exportation.* En un mot, le système prohibitif des douanes françaises devait disparaître avec le blocus continental.

A la paix générale, les hommes d'état qui étaient appelés à gouverner la France, devaient avoir des conceptions sociales et politiques, plus vastes, moins restreintes que par le passé. L'horizon politique s'agrandissait : avoir des rélations commerciales avec tous les peuples, devait être dans leurs pensées.

La France devait cesser d'être la rivale, en fabrication pour tous les genres, de l'Angleterre.

L'Industriel. Vous n'appréciez pas au juste les évènements de 1814.

L'Économiste. La France et l'Angleterre signant un traité de paix devaient réciproquement se départir d'un régime prohibitif qui, maintenu, allait paralyser les relations commerciales entre les deux peuples et agraver l'état de leurs industries manufacturières.

Craignait-on la ruine de la fabrication française? il fallait commencer par un traité de commerce avec l'Angleterre où l'importation des objets similaires fabriqués par les deux peuples aurait été sagement réglée.

Les deux pays devaient s'entendre comme peuples manufacturiers pour fabriquer, d'abord, les objets qui manquaient à l'une et à l'autre des deux nations pour approvisionner leurs marchés, et fabriquer ensuite pour tous les marchés du monde; suivant le génie de chaque pays : car chaque pays a son génie particulier. Il en est des peuples comme des individus.

La France qui peut, par son sol, produire en abondance de la soie, et par ses troupeaux améliorés, de la laine, devait s'approprier la fabrication des étoffes de soie et de laine.

L'Angleterre qui est pourvue surabondamment du fer, de la houille et d'autres minerais, devait spécialement fabriquer le fer, la tôle, l'acier, sans que les deux pays cherchassent à exclure les autres fabrications.

Par une émulation bien entendue, ces deux nations seraient parvenues à des prospérités qui n'auraient rien d'outré. Elles n'auraient pas à redouter ces temps d'arrêt de leurs fabrications; ce flux et reflux industriel. Tourmente pénible et cruelle qui laisse toujours la classe ouvrière sans travail!

L'Industriel. Il était difficile de concilier à la paix générale, les intérêts commerciaux des deux nations française et anglaise qui avaient eu une lutte si longue, si acharnée.

Les Français et les Anglais avaient changé leur manière de vivre. Le système économique de chacune de ces deux puissances était peut-être mal entendu; mais pouvait-il être simultanément changé ?

N'était-il pas de l'honneur de la France de ne pas se jeter dans les bras de sa rivale ; de cette nation qui venait de la vaincre par une coalition monstrueuse !

Il était nécessaire de maintenir avec même plus de rigueur le régime des douanes de l'Empire.

C'est donc avec sagesse, qu'en augmentant les droits d'entrée des matières premières, on a accordé des primes à l'exportation des objets fabriqués avec les matières importées.

L'Économiste. En créant ce nouveau système de primes, on a violé les véritables principes d'une législation des douanes, que l'Assemblée nationale avait proclamés en 1791.

Par le tarif général de 1791, l'Assemblée constituante n'avait imposé qu'à un simple *droit de balance* les matières premières, les grains, les bestiaux, tous les objets qui se rattachaient aux subsistances et aux vêtements des Français (1).

Excepté les droits d'entrée sur les cotons et la prohibition de la soude, les droits d'entrée sur les autres matières premières et sur les grains et bestiaux, ont été, sous l'Empire, ceux du tarif général de 1791.

(1) Le tarif du 15 mars 1791. exempte de droits d'entrée les matières premières, comme la laine, le coton, ainsi que les grains ; mais on les imposait néanmoins pour établir *la balance générale du commerce extérieur*, à un droit appelé *droit de balance*. C'était 15 centimes pour 100 francs de valeur ou 51 centimes par quintal métrique (100 kilog.)

L'Industriel. La paix générale a donné le calme aux pays purement agricoles, comme une partie de l'Allemagne, la Pologne, la Russie. Ces pays se sont livrés avec activité aux travaux des champs. Ils ont bientôt eu du superflu dans leurs produits agricoles.

De leur côté, les États-Unis, en progressant, ont considérablement défriché des terres.

Les nouvelles colonies fondées dans l'Australie ont fourni des laines en Europe.

Les grains, les farines, les bestiaux, les laines, d'origine étrangères, objets importés en France presque en franchise des droits d'entrée, faisaient naturellement une concurrence pernicieuse à notre industrie agricole.

Pour y remédier, il a fallu frapper d'un droit d'entrée élevé, ces produits étrangers.

L'Économiste. En imposant d'un droit d'entrée élevé les denrées et bestiaux qui sont indispensables à l'alimentation de la France dont la population augmente rapidement, a-t-on prévu les conséquences désastreuses qui pouvaient en résulter dans l'avenir?

On a par là paralysé, sans s'en douter, les progrès de l'agriculture.

L'agriculteur qui est en général apathique, qui vit souvent du jour au jour, a négligé d'améliorer ses terres, de varier ses produits, l'industrie agricole se trouvant protégée par des droits d'importation presque prohibitifs (1).

Au moment d'une crise qui s'est présentée sous la forme d'une disette, le pays a éprouvé une commotion qui l'a fortement violenté. Toutes les industries s'en sont ressenties, surtout le petit commerce et la classe ouvrière. Les évènements de février 1848 s'y rattachent.

D'ailleurs, si l'industrie manufacturière, trop protégée par notre régime des douanes, n'avait pas fait renchérir la main-d'œuvre des autres industries, celle de l'agriculture se serait maintenue basse : elle serait restée en rapport avec le revenu de la terre.

C'est ainsi que tout s'enchaîne dans le système industriel.

Le haut prix de la main-d'œuvre de l'industrie manufacturière provient en partie de l'encouragement donné à cette industrie par le régime prohibitif.

En se refusant de donner à l'industrie manufacturière, une protection comme celle qu'elle avait re-

(1) On entend par *droits prohibitifs* ceux qui restreignent la consommation intérieure, en favorisant la vente des produits indigènes.

Depuis 10 ans, des prohibitions ont été supprimées pour plusieurs articles; mais ces objets ayant été frappés de *droits d'entrée très-élevés*, le régime prohibitif des douanes subsiste toujours et continue de faire obstacle à de vastes relations commerciales à l'étranger.

çue de l'Assemblée constituante, elle a pris une trop grande extension. Elle a nécessairement enlevé des bras à l'agriculture. Les ouvriers attirés par l'appât de salaires plus élevés, ont cru se faire une meilleure position ; elle n'est qu'apparente, ressentant plus de besoins.

Les bras ayant manqué à l'industrie agricole, le prix de la main-d'œuvre a dû augmenter.

Les prix de la vente des produits agricoles étant devenus inférieurs aux prix de revient, il y a eu exigence de la part de l'agriculteur, pour que les grains, les bestiaux, les laines, les graines oléagineuses, les huiles, arrivant en France de l'étranger, fussent frappés d'un droit d'entrée élevé.

Les réclamations des agriculteurs et des fabricants, en faveur d'une législation de douanes prohibitive, étaient reçues avec empressement par la législature.

Les chambres législatives étaient composées de grands propriétaires, de grands et riches manufacturiers, de banquiers et de fonctionnaires qui tenaient leurs mandats des *électeurs influents*, grands propriétaires, grands industriels, banquiers du premier ordre.

Mais, malgré les droits prohibitifs en faveur de l'agriculture, dans les trois quarts de la France, l'industrie agricole est restée pauvre, dans un état stationnaire, eu égard à l'industrie manufacturière et à *l'industrie de l'argent*. Ce qui explique cette masse de créances hypothécaires, grévant la propriété foncière du pays; ce qui explique encore la fréquence de l'expropriation, la mutation nombreuse des immeubles et le morcellement qui en est la conséquence !

L'Industriel. Comment pouviez-vous encourager l'industrie agricole, sans arrêter cette concurrence étrangère que ses produits similaires lui faisaient?

L'Économiste. Si, à la paix générale, le système prohibitif avait été aboli par les traités intervenus entre toutes les puissances, l'industrie manufacturière et le commerce extérieur de la France, auraient pris une autre direction.

L'agriculture aurait été replacée au premier rang des industries : un crédit foncier aurait été fondé.

La France dont le sol est fertile en grains et en matières premières, avec ses savants, ses artistes, l'habileté de ses ouvriers, aurait graduellement amélioré sa fabrication. Un mouvement inouï aurait été donné à son commerce extérieur.

La fabrication n'aurait pas aspiré vers elle, avec désordre, avec la soif des jouissances, des ouvriers amassés, aglomérés dans nos villes industrielles, où ils vivent précairement et souvent d'une manière tout à fait immorale; ayant femmes et enfants, *sans avoir contracté mariage.*

Le système prohibitif ou protecteur continué depuis la paix, n'a-t-il pas fait élever, inconsidérément et en grand nombre, de nouvelles fabriques ?

L'Industriel. En abolissant le régime des prohibitions, en ouvrant sans restriction, nos frontières de terre et de mer, au commerce étranger, que pouvions-nous offrir en échange à l'Angleterre?

En 1815, nous fabriquions les mêmes objets qu'en Angleterre, ce qui nous a mis dans la nécessité pour parer le coup d'une concurrence des plus funestes, de maintenir le régime prohibitif.

L'Économiste. En échange de ses houilles, de ses ouvrages en acier, en fers, de ses objets fabriqués, mieux confectionnés qu'en France et livrés à bon marché, la France aurait exporté de chez elle, pour la Grande-Bretagne, ses vins, ses eaux-de-vie, ses fruits secs, ses parfumeries, ses pommes, ses blés, ses garances, ses soies, ses cardons bonnetiers, tout le superflu de ses produits agricoles, voire même ses bestiaux gras.

En industrie manufacturière, l'Angleterre aurait reçu nos sucres raffinés, nos étoffes de soie, nos étoffes de coton peintes, nos ouvrages d'horlogerie, nos ouvrages de modes, nos meubles, nos produits chimiques, nos ouvrages d'optique, nos minerais pierreux.

L'Industriel. L'Angleterre a une population qui est bien inférieure à celle de la France. Elle trouvait un avantage certain, en livrant ses produits sur un marché considérable. L'Industrie française était évidemment sacrifiée. Y avait-il parité d'échanges?

L'Économiste. C'est la plus profonde des erreurs des protectionistes.

L'Angleterre a une population coloniale qui consomme beaucoup de ses produits agricoles et la majeure partie de ses objets manufacturés. Cette population augmentant annuellement, la vente des produits français était ainsi assurée. Ces échanges auraient enrichi nos agriculteurs, principalement les producteurs de grains, de vins, de fruits secs, de garance, d'huile d'olive. Ils auraient en même temps répandu l'aisance parmi les travailleurs agricoles.

Alors les agriculteurs se seraient livrés à de grandes améliorations.

Le système prohibitif ne sera jamais qu'un encouragement à une fabrication excentrique, et un tribut imposé aux consommateurs!

Parmi ces consommateurs, il y a vingt millions de cultivateurs dont l'industrie est faiblement encouragée. La protection que l'on a voulu lui donner est un contre-sens.

Elle reste d'ailleurs stationnaire par le manque de capitaux en numéraire! Elle est écrasée par l'usure.

Les agriculteurs français peuvent-ils échanger avec profit leurs produits avec ceux de l'industrie manufacturière? Ont-ils le même levier que les fabricants? Des capitaux en rapport avec le revenu net de la terre, sont-ils à leur disposition? Il y a-t-il en France un crédit foncier?

Si l'industrie agricole de la France a fait des progrès, c'est au mouvement intellectuel du siècle qu'elle le doit!

Il y a plus d'intelligence dans le pays; mais elle s'use dans ses industries.

Jusqu'ici elle s'est usée sans résultat dans l'industrie agricole.

L'Industriel. Le peuple anglais ne consomme pas nos vins ordinaires. Il importe la soie de ses colonies orientales, de la Chine même; nous recevons de la laine, de la soie de l'étranger, pour une somme importante. L'Angleterre tire de la laine de ses possessions de l'Australie, en très-grande quantité.

L'Économiste. Si l'Angleterre refuse nos vins ordinaires, ne faut-il pas l'attribuer à notre système prohibitif continué depuis la paix générale?

Le peuple anglais a remplacé nos vins ordinaires par les eaux-de-vie de grains, par la bière, par le cidre. L'Angleterre a surtout encouragé cette fabrication, pendant le blocus continental.

Cette puissance pouvait-elle permettre l'introduction de nos vins, quand la France persistait à interdire l'importation de ses produis fabriqués?

Persistant à prohiber ses produits, la Grande-Bretagne a dû augmenter et perfectionner la fabrication des liquides qui suppléent au vin. Elle a continué à considérer nos vins, dans ses tarifs, comme objets de luxe, malgré que le vin soit une boisson plus salutaire, plus confortable, pour la classe ouvrière, que les eaux-de-vie de grains, la bière et le cidre.

Nos produits agricoles ne sont-ils pas plus rapprochés des côtes anglaises, que ceux des autres pays agricoles? Ne devons-nous pas être les fournisseurs naturels de nos voisins d'outre-Manche, en denrées agricoles et en bestiaux?

Les deux pays sont restés dans la prévision d'une guerre maritime ; dans l'attente en quelque sorte, d'une seconde représentation du blocus continental.

Ils ne peuvent croire à une paix constante et franche; avec de pareilles vues gouvernementales, les peuples ne sont jamais calmes et heureux !

L'INDUTRIEL. L'Angleterre a une marine marchande qui la ravitaille de tout. N'a-t-elle pas ensuite les vins du Portugal et le superflu des denrées de ce pays ?

Le système prohibitif et protecteur est notre *palladium*.

L'ÉCONOMISTE. C'est un *palladium* qui a jeté le peuple français dans l'industrialisme, *dans l'agiotage*, qui l'a rendu avide et le *matérialise!*

Le régime prohibitif et les primes n'attisent-ils pas le feu dévorant de l'agiotage? N'ont-ils pas fait surgir une nuée de banquiers et d'escompteurs. Plantes parasites et dévorantes, sur une plaine productive (1)!

Sans un jeu de bourse, même sur les marchandises à livrer, l'agiotage aurait-il produit l'horrible résultat d'élever et de détruire des familles, de corrompre les mœurs?

(1) Je fais exception, pour les banquiers des villes de haut commerce, qui escomptent les valeurs des négociants, à 2, 2 1/2, 3 pour cent par an. Ce sont des hommes honorables qui ont, de tous les temps, rendu de grands services à l'industrie commerciale.

L'industrialisme démolit chaque jour le foyer de famille.

Est-ce par l'agiotage le plus effréné que le pays peut s'enrichir? N'est-ce pas au contraire par le service respectif des trois industries, que la France peut acquérir un bien-être réel!

L'agriculture nourrit le pays; produit les matières premières nécessaires à sa fabrication.

L'industrie manufacturière donne le vêtement et tout ce qui distingue le peuple civilisé du peuple barbare.

Le commerce extérieur échange les produits agricoles et manufacturés avec les produits étrangers, et donne un mouvement plus vif au commerce intérieur, en faisant *transiter* avec profit, les produits étrangers nécessaires aux peuples voisins privés des voies maritimes.

Une nation qui compte dans son sein plus de vingt millions d'agriculteurs, doit diriger tous ses efforts industriels, et la majeure partie de ses capitaux vers l'industrie qui occupe les deux tiers de sa population; et enrichir par *des échanges* avec l'étranger, cette population agricole, soit en exportant les denrées agricoles, soit en exportant les objets fabriqués avec des matières premières indigènes et étrangères.

L'Industriel. Les industries fondent les richesses d'une nation; le gouvernement du pays doit donc s'efforcer de donner une bonne direction à ces éléments de prospérité. Mais ces industries doivent constamment reposer sur une instruction morale et religieuse.

Les transactions auront alors pour base et pour intérêt la probité et l'honnêteté.

Reportons-nous en 1815, vous reconnaîtrez qu'il était impossible d'opérer une fusion dans les industries manufacturières des nations française et anglaise, à la suite des grands évènements qui venaient de s'accomplir.

L'ÉCONOMISTE. Quand les hommes d'État qui traitent de la paix, sont guidés par l'amour de l'humanité, sentiment qui embrasse tout ce qui doit rendre un peuple heureux dans sa vie sociale, tout est possible. Alors les circonstances les plus périlleuses sont maîtrisées !

Quand la haine entre deux nations se prolonge au-delà d'une paix, on ne peut fonder avec solidité; tôt ou tard il faut toucher jusques aux fondations de l'édifice gouvernemental !

L'INDUSTRIEL. En 1815, la France sortait d'une crise sans exemple. Les factions étaient en présence. Le pays manquait d'ailleurs d'instruction. Sa jeunesse saine et robuste avait été appelée sous les drapeaux.

Les jeunes gens épargnés par la conscription, qui avaient reçus une demi-instruction, dans les écoles publiques de la République et dans celles instituées sous l'Empire, entraient dans les administrations de préférence.

L'Empire, voulant franciser l'Europe, les jeunes

gens qui n'avaient pas embrassé la carrière militaire ou celle de la magistrature, du barreau, trouvaient des emplois dans les pays conquis.

Les idées commerciales et industrielles n'avaient aucun prix aux yeux de ceux qui auraient pu s'ouvrir une carrière dans une des trois industries agricole, manufacturière et commerciale.

Il y avait même de la répugnance dans la classe bourgeoise pour une profession industrielle.

Les jeunes gens de la classe moyenne qui habitaient les ports de mer, presque ignorants, pouvaient seuls, en **1815**, se faire commerçants, et s'adonner au commerce extérieur; s'il avait pu s'étendre sur toutes les mers et reprendre simultanément son ancien état florissant.

Nos ministres, nos administrateurs généraux, profondément instruits, d'une pratique consommée des affaires publiques, conservaient les traditions gouvernementales de l'Empire.

Pouvaient-ils refondre une législation de douanes dont le résultat avait été, sous le gouvernement déchu, la fondation d'une riche industrie manufacturière? le maintien de cette législation, dans la pensée de ces hommes d'État, devait conduire le pays, en temps de paix, à une prospérité réelle.

L'ÉCONOMISTE. Ce qui préoccupait les hommes d'État de l'époque, c'était les questions *purement politiques.*

On ne pouvait, j'en conviens, s'occuper, à cause

de la complication des affaires politiques, des intérêts matériels du pays, d'une manière spéciale.

Il fallait néanmoins, je vous l'ai dit, poser, dans les traités de paix, des bases d'un nouveau régime de douanes. Il falait ensuite diriger les industries qu'une paix devait grandement développer, par d'autres errements que des prohibitions, que *des primes à l'exportation*.

Par des primes à l'exportation, on a cru pallier la rigueur du système protecteur, imposant fortement les matières premières; mais on a fait payer au consommateur indigène le montant de ces primes; car le prix des objets fabriqués avec des matières étrangères, s'est élevé par suite du haut prix de la matière.

On a ainsi créé l'antagonisme entre fabricants.

L'Industriel. L'Angleterre pouvait-elle consentir à faire un pacte commercial avec nous? Les deux peuples Anglais et Français n'avaient proprement fait qu'une trêve.

Les armées ne se battaient plus; mais les cœurs étaient ulcérés. On secouait encore en Europe, on a secoué longtemps la poussière des bivouacs. L'Angleterre était parvenue au terme de sa politique. On avait terrassé le lion.

La Grande-Bretagne était trop fière de ses succès et la France trop humiliée, pour qu'il y eut un traité de commerce.

Par la paix, l'Angleterre gardait en mains le sceptre des mers. Elle nous enlevait une de nos belles colonies ; une de nos principales stations, l'île-Maurice. Elle consolidait ses possessions dans l'Inde-Orientale et dans l'Océanie.

Napoléon ne pouvait plus réaliser le plus beau, le plus magique de ses rêves, une incursion dans les possessions Orientales de l'Angleterre !

Cette puissance avait conquis dans le Levant et sur les côtes de la Méditerranée, en conservant Malte, une prépondérance qui n'appartenait qu'à la France avant 1792.

La fière Albion s'assurait d'un passage par l'isthme de Suez, pour avoir une plus facile et prompte communication avec ses possessions orientales qui avaient devant elles un avenir florissant. Elle se dispensait ainsi de doubler le cap de Bonne-Espérance ; et par un réseau de comptoirs dans le Levant, dans les îles de l'Océan Pacifique, elle allait faire un commerce immense avec l'Asie.

La France démantelée en forteresses, désarmée en vaisseaux, ne conservait pas même l'espoir de reprendre un jour à l'Angleterre, ses anciennes possessions d'outre-mer, ni l'espoir de fonder de nouvelles colonies et de civiliser de nouvelles terres !

L'Économiste. Vous donnez là de puissants motifs, je l'ai dit, la politique seule était en jeu. Les traités de 1814 et de 1815 réorganisant l'Europe ; l'Angleterre prit la part du lion.

L'Industriel. L'Angleterre se trouvait, à la paix générale, dans la nécessité de poursuivre l'exécution de son système prohibitif qui était spécialement dirigé contre la France.

Elle avait à prévenir l'agitation que l'abolition subite des prohibitions pouvait causer chez ses fabricants et ses ouvriers.

Le régime prohibitif des douanes anglaises était, à cette époque, le *veau d'or* pour la classe industrielle anglaise.

Ainsi, l'Anglais, comme la politique de ce temps-là, nous ont fait une loi de continuer la législation de protection de nos industries, par les douanes.

Faisons la part des circonstances politiques. Glorifions-nous que la France ait pu se relever de tant de revers, au milieu des factions; qu'elle ait pu, malgré son agitation politique, porter sa fabrication au point prospère où elle est !

TROISIÈME ENTRETIEN.

Instruction spéciale pour chaque industrie. — Crédit foncier et commercial.

L'ÉCONOMISTE. Le gouvernement de la Restauration pouvait, malgré ses embarras, tourner ses vues vers une instruction *spéciale* pour chaque industrie, et prévoir que la paix refoulerait vers l'industrie manufacturière, par le maintien du système prohibitif, la génération qui n'avait plus en perspective la carrière militaire.

Ne devait-on pas instituer des écoles publiques pour les trois industries, et baser cette éducation industrielle sur la religion et la morale? on aurait eu des industriels honnêtes et consciencieux.

Il fallait ensuite fonder des chaires de droit administratif : droit qui n'était connu qu'en pratique, et instituer dans chaque Académie, des chaires d'économie sociale et politique.

Bientôt, on aurait eu des hommes politiques qui auraient su apprécier le régime prohibitif, par l'étude qu'ils auraient faite de la législation des douanes de l'époque.

Arrivés au pouvoir, ils auraient fait modifier ce régime par la législature, parce qu'ils auraient reconnu qu'il avait fait son temps. Les grandes difficultés qui se présentent aujourd'hui, pour l'abolition des prohibitions, ne seraient pas opposées par ceux qui sont intéressés à ce qu'on ne touche à aucune des assises de l'édifice industriel. C'est pour eux une *arche sainte*, ou plutôt une *mine d'or*.

L'industrie manufacturière aurait eu une marche régulière et en même temps progressive.

L'agiotage aurait été renfermé dans les limites des fonds publics : l'industrialisme ne se serait pas ancré dans le pays.

L'Industriel. La France était-elle dans une situation normale, pour avoir des institutions et écoles industrielles?

On aurait dû créer des écoles publiques agricoles et industrielles, avez-vous dit?

La jeunesse qui affluait dans les écoles de droit et de médecine aurait, sans doute, préféré les routes non tracées que les trois industries présentaient à leur avenir; mais où trouver des professeurs pour une éducation industrielle?

Pouvez-vous ignorer que l'éducation ou instruction de la jeunesse française, quoique *classique*, était très-imparfaite? qu'il a fallu toute l'intelligence et le génie dont le Français est doué, pour fonder une industrie manufacturière, belle, florissante?

Sous l'Empire comme sous l'ancien régime, l'agriculture n'était qu'un art livré à la routine de la classe inférieure du pays. A-t-on jamais eu des fermiers instruits? Ne sont-ils pas restés la plupart illétrés ?

Non-seulement nous ne pouvions avoir des professeurs pour nos trois industries ; mais pendant 34 ans, nous n'avons pu former des *valets de ferme* pour manier les nouveaux instruments aratoires que nos artistes en mécaniques s'évertuent d'inventer. Le propriétaire agronome qui en fait l'achat, est souvent obligé de les laisser en remise, faute de valets habiles qui puissent les faire fonctionner.

L'agriculture a pourtant fait, depuis 34 ans, des progrès en théorie et en pratique. Elle est aujourd'hui une science.

Il fallait toutefois, qu'à la paix, la France devint industrielle de guerrière qu'elle était.

Pouvait-elle devenir un pays industriel sans la liberté dans l'exercice de tous les métiers, sans des lois protégeant les trois industries ?

Si l'industrie agricole et la fabrication sont protégées par la législation des douanes, le commerce maritime est protégé par un acte de navigation qui accorde certains privilèges à nos navires marchands, sur ceux des autres pays maritimes, comme le petit et grand cabotage d'un port français à un autre port français, et le transport direct des denrées de nos colonies.

La France, par toutes ses lois de protection envers toutes les industries, n'a-t-elle pas acquis, depuis 1814, un degré de prospérité qui est évident?

L'Économiste. Depuis 1815, la France s'est enrichie, il est vrai, mais sans en connaître les causes.

La classe la moins instruite du pays s'est ruée sur l'industrie manufacturière, et sur la vente de ses produits dans l'intérieur.

L'industrie manufacturière se développant tout à coup, a dépeuplé nos campagnes.

L'individu qui avait quelques capitaux en numéraire, s'est lancé dans l'industrialisme; d'autres ont vendu leurs patrimoines en terres, pour devenir fabricants ou marchands. Une lutte en concurrrence s'est engagée entre les industriels : il y a eu course au clocher.

Quand une lutte entre fabricants est encouragée par des prohibitions, par des primes, la fabrication devient *artificielle*. Elle se trouve fondée sur du sable ; le moindre choc l'ébranle ; au moindre évènement politique, le crédit est affecté ; le numéraire se resserre ; des faillites éclatent ; le petit commerce est écrasé. Que sera-ce quand le pays change tout à coup sa constitution politique !

L'Industriel. L'édifice industriel peut ensuite s'écrouler, s'il n'a pour étai une instruction non-seulement *spéciale*, mais encore *morale et religieuse*.

L'Économiste. La France ne serait-elle pas dans un état de moralité plus rationelle, si la marche que je vous ai tracée avait été suivie en 1815 ?

Le pays serait-il autant comprimé par les intérêts matériels? La classe des travailleurs aurait-elle cette agitation continuelle qui est presque convulsive?

L'Industriel. Les hommes d'État, dans leurs vastes pensées, doivent embrasser l'avenir et suivre avec sagesse le mouvement du siècle. Chaque siècle ressemble à un fleuve. Il est souvent dangereux de le faire remonter, et il y a toujours un grand péril d'en arrêter le cours.

L'Économiste. Nos législateurs ont-ils eu jusqu'ici des connaissances profondes sur l'économie sociale et politique ?

Nos assemblées législatives se sont, par le passé, occupées avec indifférence des questions industrielles, des questions de douanes qui, au fond, sont des questions d'économie sociale.

Avec cette majorité toute politique, que chaque ministère tenait à avoir dans les chambres législatives, le Gouvernement obtenait, presque sans discussion, des lois de douanes en faveur de l'industrie manufacturière.

Ancun orateur ne signalait avec force et talent, le mal que produirait un jour le régime trop rigoureux *de la protection* concédée à nos industries agricole et manufacturière.

Pas une voix éloquente, de ces voix qui tonnaient en matière politique, pour parler en faveur d'une liberté plus absolue du commerce (1).

(1) Les hommes spéciaux en économie sociale et politique, commençaient cependant à faire partie de la législature.

Il y avait à la Chambre des Députés de 1847 ; des économistes marquants. C'étaient MM. Blanqui aîné, Léon Faucher, Louis Reybaud, Clappier de Marseille, Émile de Girardin. Ces députés

Un seul ministre, M. Decazes, président du conseil sous Louis XVIII, en véritable homme d'État, avait créé, en 1818, des sociétés d'agriculture par département, et des comices agricoles par canton.

Ce ministre voulait, à l'exemple de Sully, placer l'industrie agricole au premier rang des autres industries ; en faire le fondement du bien-être du pays.

Ses idées régénératrices de l'agriculture, ont été abandonnées par ses successeurs, pour se réaliser trente ans plus tard.

M. Decazes avait ainsi posé ces assises sur lesquelles doivent être fixées les institutions agricoles qui sont demandées à grands cris par nos publicistes.

L'Industriel. Malgré le calme dont la France paraissait jouir, n'était-on pas sur un volcan! Dans cette effervescence incessante, nos hommes d'État pouvaient-ils proposer à la Législature, des lois organiques sur *l'instruction spéciale* ?

L'Économiste. L'absence d'une législation, au sujet des intérêts matériels, basée sur l'instruction spéciale, a jeté le désordre dans le mécanisme de toutes les industries : elles ont été livrées à la routine et à l'avidité.

Croyez-vous qu'en réalité le peuple français soit plus riche, soit plus heureux qu'à l'époque où il était moins

étaient DU PARTI DES PROGRESSISTES. Ce parti qui se composait de 25 à 30 membres, avait pour CHEF M. de Castellanne fils, qui déployait à la tribune les talents d'un homme d'État. M. de Castellanne mourut avant l'ouverture de la session de 1848 : ce fut une perte pour la France.

industriel? Ne serait-il pas plus riche, partant plus heureux, si la richesse constitue le bonheur, s'il était arrivé progressivement, par le résultat d'une instruction spéciale, à un état d'aisance que tout peuple est envieux d'atteindre!

L'INDUSTRIEL. Voir le pays peu prospère, n'est-ce pas le calomnier?

Ne possède-t-il pas cette somme de richesses qu'un peuple envie? La France est réellement plus riche, plus florissante que par le passé : elle a donc un bien-être incontestable.

L'ÉCONOMISTE. J'admets plus de prospérité dans le pays, en intérêts matériels, qu'à toute autre époque.

Le pays a, je ne puis le contester, le confortable de la vie sur une échelle plus vaste que sous l'ancien régime, que sous l'Empire, voire même que sous la Restauration. Mais la grande majorité de la classe appelée *bourgeoise*, qui avait, il y a trente ans, une aisance médiocre, des logements, des vêtements simples, qui était sobre dans sa vie alimentaire, économe presque jusqu'à l'avarice, de l'aménité, de la bonne foi dans les transactions, des mœurs pures, a-t-elle eu jusqu'ici, par l'accroissement de fortune, une existence plus heureuse?

Pouvez-vous dire, sans arrière-pensée, que la population française soit réellement heureuse, à part les commotions politiques? Ne la voyez-vous pas agitée, chagrine, avide de gain, bourrue, ridée avant l'âge?

Si avant l'état présent la bourgeoisie était moins riche, elle avait aussi des besoins moins pressants.

Nierez-vous que l'industrialisme n'ait créé des besoins nouveaux ! Pour satisfaire ces besoins qui se sont incrustés dans la nouvelle vie sociale, il faut user toutes les forces vitales, ne pas vivre en quelque sorte, ou traverser la vie en courant.

Les mœurs peuvent-elles être pures, dans ce besoin insatiable d'avoir, de posséder et de jouir ?

L'Industriel. Quand le dérèglement des mœurs est parvenu jusques aux classes laborieuses, il a des conséquences terribles. Il conduit au crime, à la prostitution ; constitue le pays de mauvaise foi : il amène enfin la démoralisation complète de la Nation.

Au fur et à mesure que la classe industrielle acquerra des connaissances spéciales ; ses mœurs se purifieront. Elle sentira dans son propre intérêt, qu'elle doit pratiquer la vertu, l'honnêteté et la franchise ; que la fraude et l'astuce doivent être bannies de toutes les transactions.

Être *fin et rusé* dans l'industrie et le commerce, c'est être *fripon et voleur*.

On n'entendra plus dire qu'un homme fait bien *ses affaires*, parce qu'il est *fin et rusé*, qualités que l'on doit tout au plus donner aux maquignons.

La classe laborieuse sera bientôt pénétrée de ce sentiment : qu'un pays ne peut atteindre un état de prospérité réelle, et la maintenir, sans des mœurs pures, sans des autels.

L'Économiste. Pour avoir cette probité dans les relations commerciales, qui paraît aujourd'hui contestée, ne faut-il pas calmer cette fièvre industrielle qui consume le pays ?

Il faut diriger nos successeurs vers une position plus heureuse, vers une vie moins agitée. Leur inculquer dans l'esprit les principes vrais de l'économie sociale ; dans le cœur des principes religieux et philosophiques. Ils auront alors pour guides l'honnêteté et la probité dans le travail ! ils supporteront l'état de médiocrité avec joie, et celui de pauvreté avec force d'âme, avec calme, avec l'espérance d'un sort plus heureux. Ils cesseront d'avoir la coupable pensée et l'ambition insensée d'acquerir par des commotions politiques, un bien-être souvent chimérique ; commotions qui, en enivrant d'espérances le pauvre, jettent toujours dans son âme le découragement, le plus cruel désespoir, tout en brisant l'existence du riche.

Tous les individus ne peuvent être fabricants, agriculteurs, commerçants, ni occuper des emplois dans les administrations, ni exercer des professions libérales.

Une classe inférieure à toutes les autres, mais égale devant la loi, doit exister ; c'est l'ordre naturel. En état de nature, l'homme serait-il égal en intelligence, en conduite? Le contraire peut-il exister dans l'ordre social où l'homme s'abrutit quelquefois par des passions! en admettant même la perfectibilité de la société.

Pour qu'il y eut égalité complète dans les fonctions

de chaque homme social, il faut supposer la même constitution, le même tempéramment, la même intelligence, la même aptitude pour tous les genres de travail. Il faut créer l'homme d'une autre nature; il le faut sans passions, sans envie, sans haine.

La société est une échelle qui a des barreaux d'individualité; mais ceux qui sont placés aux échelons inférieurs, n'en sont pas moins des citoyens qui doivent vivre de leur travail.

L'existence du travailleur doit être assurée; elle l'est chez un peuple qui a des esclaves, pourquoi ne la serait-elle pas chez un peuple libre?

Ne mettez jamais le travailleur dans la cruelle nécessité de préférer une détention à sa liberté. Si la vie lui est à charge, il l'engagera avec passion, avec rage, dans une révolution.

L'Industriel. Tout ce que vous venez de dire ne peut être raisonnablement contestés.

Les ouvriers doivent apprendre par une instruction morale et religieuse, qu'il faut des matelots pour maneuvrer un vaisseau, pour qu'il soit constamment à flots. Dans une tempête, si le vaisseau sombre, les matelots ne sont-ils pas engloutis?

En s'instruisant, les ouvriers se convaincront que le bonheur ne gît pas dans l'opulence; qu'il s'y fixe rarement; qu'il n'est réellement que dans le foyer domestique, et surtout dans une honnête médiocrité; car, dans une civilisation presque à son apogée, l'homme n'est que relativement riche.

L'Économiste. Toutefois, la classe ouvrière n'aura de l'aisance, une position calme, que lorsqu'il y aura une répartition plus égale dans les richesses du pays.

Cette répartition ne peut s'effectuer par la force, par la spoliation ; mais par un changement dans les mœurs, et en amassant par le travail, de nouvelles richesses.

Ces nouvelles richesses s'amasseront par une association franche et honnête entre le savant et l'ouvrier, par des capitaux en numéraire livrés à un intérêt très-bas ; encore par des matières premières étrangères faiblement imposées à l'entrée, et par le bas prix des denrées et marchandises de première nécessité.

La classe ouvrière se faisant un esprit juste par une instruction solide, par la connaissance de l'histoire de tous les peuples, des causes qui amènent les révolutions, saisira le vrai sens *de la loi agraire*, dont on berce ses espérances de bonheur, dans des moments d'agitations politiques.

Elle appréciera le but de cette loi qui a soulevé, dans toutes les tourmentes révolutionnaires, les masses des anciens peuples.

Elle conclura de cette appréciation juste et sensée, qu'une loi agraire et le *communisme* mis en mode d'exécution, seraient la destruction complète de la société, la plongeraient dans le cahos.

Si une société commence et s'organise par un partage égal des terres, entre tous ses membres, ou par chef de famille, la colonie s'éloigne de l'égalité du partage, au fur et à mesure qu'elle progresse.

Alors le travail se divise, les industries en tous genres se créent, la nouvelle société amasse des richesses, et devient une puissante nation, par le fruit de son travail.

Les hommes de la classe inférieure ou du dernier échelon, qui est malheureusement la moins instruite, la moins éduquée; car l'éducation et le mariage classent les hommes dans une société, les hommes de la classe inférieure, ce sont les traînards dans la marche d'un peuple vers sa civilisation. Il faut les faire arriver par l'instruction.

Un grand peuple civilisé se sentant propre et animé du désir de répandre ses idées d'ordre et civilisatrices, dans l'univers, repoussera avec cette force de caractère que donne un grand Pouvoir, *une loi agraire et des idées de communisme* qui ne sont que l'image imparfaite *du droit naturel des peuples dans l'enfance.*

La mise en pratique de ces idées est impossible, à moins que le peuple qui les adopterait, ne retombe dans la barbarie par la décadence; et ne rentre ainsi dans l'état de nature, de sauvagerie : ce qui ne peut arriver avec nos connaissances acquises.

Mais un pays où tout le monde serait riche, serait un pays presque en décadence.

Il expirerait dans les tourments de la luxure, de l'avidité, de la corruption; et un peuple moitié très-riche, moitié très-pauvre, se trouve encore dans un état peu normal, dans un état permanent de convulsions.

L'Industriel. Sans bouleverser toutes les idées admises jusqu'à ce jour, sur les droits civils et politiques, on ne peut donner la moindre croyance aux principes subversifs de toute société, qui reposeraient sur *le communisme.*

Mais il est incontestable qu'une éducation plus en harmonie avec notre civilisation, avec la marche progressive du siècle, est devenue nécessaire, indispensable.

Les travailleurs, et je comprends sous cette dénomination, les ouvriers et les industriels, doivent acquérir au moins des connaissances élémentaires en histoire, pour repousser dans leur sagesse, toutes ces vues désorganisatrices de l'ordre social, que des hommes de talent ont enfantées dans leurs études excentriques.

Ces hommes qui s'appellent *socialistes*, par des systèmes ingénieux forgés dans leurs imaginations exaltées, veulent créer l'*âge d'or* pour les peuples.

En dénaturant le mot *socialiste* ainsi que l'avaient fait du mot de *liberté* et du mot de *patriote*, les membres du comtié de Salut public et leurs sectaires, ils compriment dans un but d'ambition personnelle, les véritables progrés que les publicistes, animés du bien du pays, obtiendraient de nos gouvernants; c'est ainsi qu'ils nécessitent une réaction en politique et en économie sociale et, qu'ils conduiraient en définitive le pays à l'anarchie.

La barque qui est sur le point de chavirer est toujours ramenée par un mouvement contraire.

L'Économiste. On récolte ce que l'on a semé il y a trente ans.

La génération qui naissait alors est aujourd'hui remuante, agitée, déplacée et rêve *un nouveau monde*; elle n'a pu avoir une position en rapport avec ses idées.

Si cette génération et celle qui l'a suivi avaient été dirigées par une instruction spéciale vers l'industrie agricole, si cette industrie avait reçu *les honneurs* dont les gouvernements déchus ont comblé les hauts barons de l'industrie manufacturière et de la finance, ces générations toutes de cœur, portées par leurs sentiments vers l'*égalité* et la *fraternité*, se seraient adonnées à une industrie qui aurait procuré le calme et le bien-être, au pays qui se serait lancé en même temps par une grande impulsion vers le commerce maritime.

Arriver au point où chaque travailleur aura, par son labeur, une existence assurée pour lui et sa famille, c'est ce que tous les hommes politiques doivent désirer; c'est vers ce point que doit tendre l'éducation nationale; mais vouloir un partage égal des produits et même des richesses, c'est vouloir que chaque homme ait la même physionomie ! ce qui n'est pas dans la nature.

L'Industriel. Le gouvernement de Juillet avait cependant fait quelque chose de plus que celui de la Restauration, pour l'éducation publique.

La loi sur l'instruction primaire, les écoles d'arts et métiers multipliées, les institutions des écoles normales primaires pour les deux sexes, les écoles normales supérieures, de nouvelles facultés de lettres, des chaires d'économie politique et industrielle créées, les caisses d'épargnes fondées, les salles d'asile, les crèches, les sociétés de prévoyance autorisées et favorisées dans des idées philantropiques et d'humanité, l'institution des prud'hommes répandue, des sociétés d'agriculture et des comices agricoles nombreux, un congrès central d'agriculture, toutes ces institutions étaient un acheminement vers une éducation plus populaire.

L'Économiste. Le gouvernement de Juillet favorisait encore trop les hautes études, il négligeait, comme celui de la Restauration, l'instruction des travailleurs.

Il n'a pu comprendre combien il est important pour un pays, que la classe laborieuse soit instruite pour éviter les séductions des agitateurs, de ces *demi-savants* que des hautes études font surgir. Une foule de jeunes gens qui ont fait de très-bonnes études dans les collèges, ou se trouvent dans l'impossibilité de les perfectionner ou embrassent des professions libérales sans *clientelle*. Ils donnent alors dans les égarements de la raison en politique, et en économie sociale; deviennent sectaires, membres des sociétés secrètes; se jettent dans les clubs; les président quand une révolution survient; c'est ainsi que le pays est mis en ébulition, par une fausse direction dans l'instruction publique.

Un pays doit l'instruction à ses habitants. Chaque homme est citoyen ou membre de la grandre cité qui est la nation, et tout homme est plus ou moins apte au travail.

Il n'y a plus, en France, de *castes*, *des priviléges*; nos trois révolutions, dans leur tourmente, ont uni le sol. *L'égalité des droits* n'est plus contestable.

Il n'y a d'*inégalité* chez le français, que dans l'*intelligence*, c'est un don du Créateur, c'est une richesse, *une propriété*, qu'aucune révolution humaine ne peut enlever à l'homme; mais tout français doit par son travail ou intellectuel ou manuel contribuer à la prospérité de la France.

C'est par le travail de chaque citoyen qu'un pays s'enrichit.

Les hautes études doivent être destinées aux grandes intelligences. Ces intelligences d'élite se trouvent dans toutes les classes de la société. Il faut dès lors mettre au concours les entrées dans les institutions où l'on professe le haut enseignement.

Toutefois le citoyen peu fortuné préfèrera toujours une carrière où l'éducation *sera spéciale*, à une carrière *libérale* qui exige des études plus sérieuses, plus profondes et très-coûteuses.

C'est au père à guider son fils vers cette instruction professionnelle. Il aura moins de dépenses à faire et son enfant aura un avenir assuré.

Chaque industrie, chaque métier, chaque profession doit avoir son éducation spéciale. Cette éducation donnera à la France, d'honnêtes et laborieux industriels, de bons et habiles ouvriers, et procurera une honnête aisance à chaque travailleur.

L'INDUSTRIEL. Vous pensez donc comme moi, qu'avec le régime protecteur, on peut avoir des industries exemptes de fraude et de mauvaise foi, que l'avidité peut un jour disparaître par une instruction généralement donnée au peuple, mais fondée sur la religion et la morale.

L'ÉCONOMISTE. Je persiste à soutenir que le régime des douanes protecteur ou prohibitif a fait son temps. Mais ce système aboli, le crédit industriel doit être bien assis, et hors de toute atteinte.

Le crédit foncier est indispensable pour empêcher que les propriétés territoriales n'appartiennent un jour aux monopoleurs, ou à une seule classe; la classe des capitalistes.

Déjà, avant la révolution de Février, il y avait une grande tendance à monopoliser la propriété foncière. La loi électorale en était le principe, malgré que le cens, pour être électeur et pour être député, fut moindre que sous la Restauration.

On voulait être électeur pour avoir les faveurs des députés influents.

On invoque dans cette question du crédit foncier toute palpitante d'intérêt, le principe du *laissez faire.*

On réfléchit peu à ce qu'il y a de périlleux pour la société, de laisser le cultivateur ou l'agriculteur dans une gêne perpétuelle, et aux prises avec le banquier et l'usurier qui se pare du nom de capitaliste.

Du moment où l'agriculture est affectée d'une dette hypothécaire énorme, il faut trouver un moyen énergique pour parer à la pénible position du détenteur du sol. Il n'y a qu'un amortissement qui puisse préserver le pays d'un cataclysme.

Pour arriver à un amortissement, il faut constituer des banques ou des *caisses agricoles* qui se contentent d'un escompte de 2 1|2 à 3 p. 0|0, ou qui exigent *une annuité*, réunissant une partie du capital et les intérêts annuels : institution qui existe dans plusieurs états de l'Europe, sous le nom de *banques territoriales*.

Ce ne sera que lorsque le pays n'aura plus cette masse effrayante d'inscriptions hypothécaires, lorsque les agriculteurs seront au moins allégés d'une partie de leurs dettes, qu'ils pourront se livrer à des travaux fructueux.

L'instruction spéciale viendra en aide à l'agriculteur. Il s'engagera moins dans des procédés d'exploitation ruineux. Il raisonnera les difficultés que présentent le sol ; il connaîtra la nature de ses terres ; le climat, les moyens de transport et la mévente seront appréciés par lui.

Mais s'il n'a que le revenu nécessaire pour payer les intérêts d'une dette considérable, et pour subvenir à ses besoins et à ceux de sa famille, souvent nombreuse, comment espérer que l'agriculteur se livre à des améliorations ? qu'il puisse faire l'achat de bestiaux, d'instruments aratoires, de semences ? qu'il puisse faire des travaux d'irrigation toujours très-coûteux !

Si l'agriculteur fait une association avec un banquier, ou s'il a un crédit ouvert chez lui, il se livrera à des spéculations fausses qui le ruineront. C'est toujours la plus grosse part et le plus net du revenu que le banquier prend.

L'Industriel. Des publicistes, des agronomes distingués soutiennent que le crédit foncier n'est pas nécessaire. Suivant eux, l'enseignement agricole est la seule institution à donner à l'agriculture.

L'agriculteur peut, disent-ils, sans argent, sans capitaux, en assolant ses terres, les améliorer. En basant l'assolement sur les prairies artificielles, on aurait, ajoutent-ils, une grande quantité de bestiaux, partant beaucoup d'engrais. L'achat même des instruments perfectionnés est moins nécessaire que la multiplicité des bestiaux.

L'Économiste. Les publicistes n'ont pas traité la question en agriculteurs praticiens; ils ne l'ont traitée qu'en économistes.

Les agronomes qui pourraient la traiter en praticiens, écrivent presque toujours pour la grande culture; elle est la plus séduisante, mais non la plus répandue.

Là, l'imagination des agronomes peut se développer. Ils divisent la France en grandes exploitations. Ils voient la même facilité pour la culture des prairies artificielles dans le nord, dans le centre, dans le midi.

Toute culture est possible avec des irrigations, si ce n'est qu'il est impossible pour des localités d'avoir de l'eau, de posséder des terres propres aux prairies artificielles, et un climat qui est souvent un obstacle au semis des semailles de ces prairies.

Ces écrivains dont on ne peut contester la science et les nobles pensées pour le bien général du pays, laissent dans l'oubli le cultivateur proprement dit; celui qui exploite par lui-même, par la *petite culture*; celui qui emploie les bras, rarement la charrue; qui cultive les trois cinquièmes des terres de France.

Quand ces cultivateurs sont gênés, ils se trouvent presque toujours en face de l'usurier. Ils n'ont souvent qu'un cheval, qu'un mulet, qu'un âne, qu'une vache, quelques brebis. Si une épizootie règne, et s'ils ont une mortalité, les voilà complètement ruinés. Ou ils achètent à crédit du maquignon les bestiaux qui leur sont indispensables, ou ils empruntent à gros intérêts.

Pour admettre la théorie de quelques agronomes qui citent ordinairement les beaux résultats obtenus dans telles et telles exploitations, la grande propriété devrait être reconstituée en France.

Les individus qui ne possèdent que quelques hectares de terre, devraient, pour arriver là, être expropriés. Ils viendraient s'abîmer dans la classe des prolétaires. Ce qu'un pays doit redouter; ce qu'un gouvernement doit prévenir!

La féodalité avait encore un côté favorable, le prolétariat en est privé.

Il y avait des serfs qui étaient attachés à la glebe; ainsi attelés au char de la féodalité, ils y trouvaient des aliments et des vêtements. La condition du serf était, sous ce point de vue, plus heureuse que celle du prolétaire privé quelquefois de nourriture et de vêtement.

Mais le servage dégrade l'homme, en fait une brute. Il faut que l'homme civilisé soit libre et citoyen !

L'Industriel. Le peuple français recevant une éducation nationale, digne d'une grande puissance, le travail de chaque industrie sera organisé, sans qu'aucune n'éprouve la moindre étreinte.

Le prolétariat se réduira à des valétudinaires qui trouveront dans des établissements publics des soulagements à leurs infirmités, et y termineront une existence qui ne leur sera plus à charge.

Mais jusqu'ici l'institution des banques territoriales a rencontré une vive opposition. Nos assemblées législatives n'ont pu encore se pénétrer des besoins de l'époque qui se résument dans la fondation d'un crédit foncier et commercial, ou des banques nationales dans chaque arrondissement.

L'Économiste. Le gouvernement qui a le privilége de battre monnaie devrait avoir aussi celui des banques ; il y aurait ainsi une heureuse concurrence pour toutes les industries, entre les banques agricoles et commerciales de l'État, et celles tenues par les particuliers.

Pourquoi la France ne possèderait-elle pas une administration de banques nationales répandues dans chaque canton comme une artère bienfaisante ? banques nationales qui se combineraient avec les caisses d'épargnes.

L'épargne de la classe laborieuse servirait ainsi de locomotive à toutes les industries.

Le numéraire, dans un pays, est l'huile qui fait mouvoir le ressort de la montre.

La France n'a-t-elle pas ses administrations financières pour percevoir les impôts?

Chaque percepteur serait le banquier du gouvernement. Le percepteur est, dans beaucoup de localités, le receveur des caisses d'épargnes.

La caisse des dépôts et consignations de Paris qui prête à 4, 4 1|2 0|0 aux communes, aux établissements publics, ne pourrait-elle pas prêter aux particuliers? avoir des succursales dans les départements? elles rempliraient ainsi les fonctions d'une banque territoriale.

C'est dans la caisse des dépôts et consignations que sont versées toutes les sommes placées dans les caisses d'épargnes; c'est dans la même caisse que sont déposées les sommes provenant des saisies qui s'opèrent dans toute la France, et autres sommes litigieuses qui doivent être mises judiciairement en distribution.

Voilà une belle institution qui tient au mécanisme gouvernemental, qui fait fructifier les fonds dont elle a le maniement, qui rend de véritables services aux communes, aux établissements publics, en les mettant à même, par leurs prêts, de faire faire de grands travaux d'utilité publique productifs.

Dira-t-on que l'*agiotage* est une industrie? que cette industrie fait la *force et la vitalité* du pays! que sans l'*agiotage* un État serait souvent très-embarrassé pour ses emprunts nécessités par des guerres inévitables où l'honneur de la nation est engagé ! nécessités par de grands travaux devenus indispensables, comme routes, canaux de navigation, chemins de fer, endiguement des rivières navigables ! Dira-t-on encore que dans les coffres des capitalistes et des banquiers le, *numéraire est marchandise* !

J'admets par supposition, que l'industrie de l'argent soit une nécessité ; mais l'État ne pourrait-il pas réglementer cette industrie !

La fabrication du tabac est une industrie. Battre monnaie, c'est fabriquer.

La banque de France instituée par actions, n'est-elle pas une administration qui tient par un lien au gouvernement ?

Le gouverneur de la banque est nommé par l'État, et la commission de surveillance est prise parmi les membres de la représentation nationale.

L'État n'a-t-il pas autorisé l'établissement des monts-de-piété dans les villes populeuses ? Il en a la surveillance.

Les Monts-de-piété n'ont-ils pas été fondés dans des vues de bienfaisance, malgré leur défectuosité ?

L'intérêt que l'on perçoit dans la plupart des établissements *est usuraire*, et cependant la classe ouvrière y trouve du soulagement dans des moments de gêne !

L'industrie manufacturière et le commerce ont leurs

banques nationales, la classe ouvrière de ces deux industries ont les monts-de-piété, la classe agricole seule, celle qui est le pivot de toutes les industries, est privée *d'un crédit foncier* ! Elle est abandonnée à elle-même sous ce rapport.

Il faut que la classe agricole subisse la loi des capitalistes; qu'elle emprunte au taux des 7, 8 p. 0|0, avec les frais d'actes, inscriptions d'hypothèques, lorsque la terre laborieusement cultivée ne rendra que le 3 p. 0|0 !

Si l'État fondait des banques agricoles combinées avec les caisses d'épargnes, ne trouverait-on pas de la garantie, de la solidité dans une régie dont les opérations seraient contrôlées par le pays, par l'intermédiaire de sa législature ?

Doit-on livrer *le crédit* d'un pays, base de sa richesse, de sa grandeur, à des banquiers dont le but est de faire fortune; qu'un intérêt presque sordide guide dans toutes les opérations; dont le cœur est souvent endurci par l'amour de l'or !

L'Industriel. Des banques sagement administrées par le gouvernement, feraient cesser ces crises financières qui sont toujours calamiteuses pour la France.

On ne verrait plus cette fluctuation d'escomptes qui jette la perturbation dans le monde industriel, en mettant, tout à coup, en arrêt le travail national.

Plus de régularité dans les escomptes assurerait le succès des spéculations, des entreprises qui ont besoin d'un laps de temps pour prospérer, pour arriver sans obstacle à leurs termes.

L'agriculture demande surtout de longs termes dans les emprunts, et un escompte très-modéré.

Quand la banque de France augmente le taux de ses escomptes, non-seulement le commerce de Paris en éprouve un choc violent; mais un contre-coup désastreux se fait sentir dans les départements.

L'escompte est incontinent élevé à un taux usuraire dans tous les centres industriels.

L'ÉCONOMISTE. On connaît peu le mécanisme des banques créées par l'intérêt privé, dans les places de commerce du second ordre, même dans les plus petites villes.

Sur ces places, les banquiers ne sont que des *agents de change*. Ils placent chez les capitalistes les billets qu'ils ont reçus et escomptés aux commerçants et aux industriels.

Les capitalistes remettent ainsi à ces banquiers, en échange des billets à plusieurs signatures, des fonds au taux de 4 p. 0|0 si l'escompteur n'a pris que le 7 ou 8 p. 0|0.

L'argent devenant rare par suite de quelques grandes spéculations comme celles des chemins de fer, en 1845, l'achat des grains à l'étranger, en 1847, la banque de France se croit obligée de toucher à ses escomptes, et une augmentation subite a lieu sur toutes les places, par une *panique* qui est la plupart du temps, feinte ou calculée.

Si des banques nationales avaient été organisées dans tous les départements, et que les billets de ces banques eussent eu *cours forcé*, la crise de 1848 produite par les évènements de Février, aurait été peu sensible.

N'a-t-on pas vu la banque de France et ses succursales se soutenir dans ce cataclysme financier.

Cette banque, autorisée par le gouvernement provisoire à porter l'émission *de ses billets*, à la somme de 450 millions, et à suspendre ses paiements en numéraire, au moment où l'argent était retiré de sa caisse, pour être, sans doute, *enfoui*, ou placé sur des banques étrangères, n'a pas cessé de fonctionner malgré qu'elle escomptât et payât en billets.

N'a-t-elle pas constamment, depuis la crise financière produite par les évènements de Février, soutenu le crédit du trésor public? L'État n'a-t-il pas toujours eu un compte courant avec elle? et si les services publics n'ont pas cessé de fonctionner comme au temps de la terreur et du Directoire, n'est-ce pas à l'organisation forte de la banque de France, que cela est dû? ainsi qu'à l'émission plus considérable de son papier-monnaie qui a été reçu dans les caisses publiques, et qui se popularise dans le pays, malgré la crainte des *assignats*? Épouvantail qui sera peut-être un obstacle à ce que jamais le crédit foncier ne soit organisé en France !

La banque de France n'a-t-elle pas coopéré à l'emprunt que l'État a récemment fait, et prêté des fonds soit à la ville de Paris, pour raviver ses travaux, soit à la ville de Marseille ?

Peut-on méconnaître ce qu'aurait de bienfaisant et d'élément de prospérité pour la France, des banques nationales *escomptant* à un taux en rapport avec les revenus nets de chaque industrie, et surtout avec le revenu net de l'agriculture!

Le gouvernement ayant le pouvoir de battre monnaie, doit nécessairement administrer cette partie essentielle de l'économie publique, cet élément de force et de grandeur d'une nation.

Le gouvernement ne lève les impôts qu'en numéraire. La presque totalité des trois milliards numéraire que la France possède, ne passe-t-elle pas par les mains de l'État? Le budget ordinaire et extraordinaire n'est-il pas de *quinze cents millions*?

La perception de ces quinze cents millions se répartit dans les divers canaux de l'économie du pays.

Une grande partie des recettes du trésor public devient productive. La partie productive va substanter la classe pauvre par les travaux publics; et en même temps elle accroît la prospérité du pays. Que l'on ajoute à ces quinze cents millions les recettes des budgets des communes, ceux des départements, ceux des établissements publics, l'on apprendra peut-être, avec étonnement, que tout le numéraire de la France, se meut administrativement, et passe chaque année par le rouage du gouvernement ou de la chose publique!

L'Industriel. Il est évident qu'une ramification de la banque de France dans toutes les localités industrielles, serait un grand bienfait, et rendrait impossible les *prêts usuraires*.

L'Économiste. Les industries ont plutôt pour base et pour pivot le crédit que le numéraire.

Le crédit repose sur tous les capitaux industriels, notamment sur les terres, édifices et usines, et a pour *agents* les valeurs en papier et le numéraire; mais le numéraire n'y joue pas le principal rôle. Beaucoup de ventes et même le plus grand nombre ne se font-elles pas par arrhes, par actes publics, par écrits privés, par effets de commerce? toutes les monnaies n'ont pas le même type, un cours universel sur le globe, il y a des pays où la monnaie de France n'a pas cours; et cependant l'amas de l'or est ce qui tente généralement.

Si des idées plus saines sur les richesses d'un pays et sur le prix de l'or et de l'argent comme monnaies, ne changeaient pas bientôt les mœurs de la France, il n'y aurait plus dans ce beau pays, dans ce peuple si civilisé, de la considération, de l'estime, des hauts emplois, que pour les hommes à coffre-fort, ou des marchands d'actions cotées à la bourse! l'homme d'intelligence pauvre serait honni et baffoué! Racine n'aurait été qu'un prolétaire!

L'Industriel. Pour le bien général, une loi a fixé le taux de l'intérêt, même celui stipulé dans les transactions commerciales : ce qui excède ce taux *est usuraire*.

C'est donc une anomalie; c'est violer la loi qui fixe

le taux de l'intérêt de l'argent monnayé, que d'admettre dans l'ordre social l'industrie de l'argent! Et considérer comme *marchandise*, ce qui n'est que le signe représentatif de toutes les transactions!

On conteste le droit à l'État, ou à la législature du pays, de fixer le taux de l'intérêt de l'argent; mais il faut aussi lui contester le droit de donner un type à la monnaie, et une valeur à chaque pièce, de créer en un mot la monnaie.

Faire appliquer la loi de 1807 sur l'*usure*, à un individu non patenté qui exigera dans un emprunt un intérêt extra-légal, et dispenser de l'application de la loi un banquier qui escomptera au-delà de 6 p 0|0, n'est-ce pas un vice radical de notre législation?

Il y aurait *délit d'usure* pour le prêteur non commerçant, et opération valable pour le banquier.

La loi ne serait-elle pas plus conséquente et rationnelle, si elle declarait que les frais de négociation et le change de place en place, sont fixés à 7 ou même à 8 p. 0|0, et qu'au-dessus de ce taux il y a usure.

L'ÉCONOMISTE. Le numéraire n'est pas considéré, en économie politique, *marchandise*, c'est le signe représentatif de la partie de la richesse qui ne peut pas, par son *volume*, s'échanger *en nature*.

Les richesses d'un pays ne sont pas dans la masse de son numéraire; car l'Angleterre qui possède plus de richesses que la France a beaucoup moins de numéraire.

Les richesses d'un pays sont dans l'accumulation de ses produits, et dans tout ce qui a de la valeur par le service que l'objet rend à la société, comme *matière qui féconde*; c'est-à-dire, dans ses terres cultivées, dans ses usines, dans ses fabriques, dans sa marine, dans ses moyens de transport. Voilà *les vrais capitaux* donnant des produits par le travail.

Mais ses produits sont sans valeur, s'il n'y a pas, ou consommation par le producteur même, ou vente par les producteurs aux consommateurs, soit indigènes, soit étrangers, qui ne récoltent ni ne fabriquent les produits qu'ils achètent.

Cette vente se fait avec des produits, quand elle a lieu avec l'étranger, ce qui est proprement dit *l'échange*, et avec du numéraire, quand elle est faite au consommateur indigène.

On voit donc que le numéraire n'est pas ce qui constitue la richesse d'un pays, qu'il n'est que la locomotive du char de l'État.

Nous avons dit que la presque totalité des trois milliards d'argent monnayé était perçue par l'État, par les administrations départementales et communales; mais pour que chaque individu ait la somme de *sept francs cinquante centimes à dépenser par jour*, suivant M. Proudhon, il faudrait que la France qui a trente-six millions d'habitants, possédât *vingt-sept milliards* de numéraire également répartis: chose impossible.

M. Proudhon a sans doute entendu que vingt-sept

milliards de produits créés par jour, si la prospérité du pays allait jusques-là, donnerait, par une répartition régulière, à chaque Français, sept francs cinquante centimes de revenu quotidien. Pour le moment, la France ne produit que *six milliards par an*; ce qui, d'après M. Charles Dupin, ne donne que *quatre-vingt centimes à chaque individu*. L'économiste et le socialiste sont loin de compte.

Toutefois, au lieu de *dépenser*, ce qui ne peut s'entendre qu'en *numéraire*, M. Proudhon aurait dû dire que chaque individu pourrait un jour *avoir à consommer*, en France, quotidiennement, la valeur de sept francs cinquante centimes.

La France a une population flottante qui ne possède ni terres, ni capitaux; mais qui rend néanmoins *des services* au pays, dans les industries, dans les sciences, dans les arts, dans les professions libérales, dans les emplois administratifs, dans le clergé, dans l'instruction publique.

Ces services sont reconnus par un salaire, par un traitement, par un émolument, *en numéraire*. Ils l'étaient autrefois en dîmes, en faveur du clergé!

Si le numéraire n'est pas suffisant pour payer ces services, qu'il soit surtout absorbé par les producteurs, ce qui est un signe de prospérité, les richesses créées par les producteurs étant le *gage* du paiement des services rendus par la population flottante, il faut nécessairement que *l'agent* qui sert à les payer soit augmenté; sans cela, la prospérité du pays décroît, car cette population flottante est aussi productive, quoiqu'en apparence improductive (1).

On ne peut augmenter cet agent, qu'en important une plus grande quantité d'or et d'argent, par les échanges avec l'étranger, pour convertir ces matières en monnaie, ou en créant un papier-monnaie.

C'est la rareté qui se fait tout à coup, du numéraire dans les crises commerciales ou politiques, qui met aux abois la population flottante, surtout la partie de cette population qui n'a pas en réserve du numéraire, qui vit du jour au jour, qui n'a pas à sa disposition, pendant la crise, des produits, fruits de son travail, à consommer, comme blé, vin, légumes, viande.

Dans ces crises perplexes pour la population flot-

(1) Quelques économistes, Jean-Baptiste Say, Malthus, sont du nombre, ont classé les populations d'un pays en *productives* et en *improductives*.

Je crois que cette classification est vicieuse; c'est, au reste, l'opinion des économistes du jour. (Voyez M. Droz, dans son *Traité d'économie politique*).

C'est cette fausse classification qui a égaré Malthus, et l'a jeté dans une dissertation excentrique, sur le trop plein des populations, et sur les moyens d'en éviter l'exubérance.

M. Jean-Baptiste Say l'a combattu dans ses *Lettres à Malthus*. Des socialistes se sont emparé du système de Malthus pour appeler *Malthusiens* les économistes. Ils ignorent, ou veulent ignorer que les économistes français ont combattu l'économiste anglais.

Mais des socialistes partagent eux-mêmes l'avis de Malthus, en ne voulant pas de classe commerçante intermédiaire entre le producteur agricole, le producteur manufacturier et le consommateur; que deviendrait donc le commerce maritime! N'est-ce pas un intermédiaire, je ne dirai pas utile, mais indispensable?

tante, et surtout pour la classe ouvrière, *la question de vivre*, cette question *du boire et du manger* est là palpitante. Elle doit donner à réfléchir aux moralistes et aux hommes d'État qui placent en premières lignes les questions morales, religieuses et politiques! Un peuple qui demande du pain et qui meurt de faim ne connaît plus de frein! la constitution et les lois d'un pays ne sont plus respectées! combien sont coupables les hommes d'État qui négligent de s'occuper de la subsistance du peuple qu'ils gouvernent!

L'Industriel. Tout ce que vous venez de dire au sujet du numéraire, est d'autant plus vrai, qu'il peut être remplacé par du *papier*, ou par tout autre signe de convention.

L'argent et l'or ont été adoptés, parce qu'ils ont une circulation facile, et se prêtent à une forme commode, comme agent qui facilite les échanges.

Quand un pays est riche en produits, et que les produits s'écoulent en grande partie, par les relations extérieures, il abonde bientôt en numéraire. Les transactions sont alors plus faciles et se multiplient; mais la prospérité d'une nation réclame en même temps, et du papier, et du numéraire toujours comme signes représentatifs des produits.

Toutefois l'argent et l'or, matières extraites des minerais, sont intrinsèquement marchandises.

L'Économiste. Nous avons dit que le numéraire qui est exporté par suite de l'achat des denrées qui se consomment, est une perte pour le pays. Mais il est rare, lorsqu'une nation est puissante et industrielle, que le numéraire sorti dans un moment de crise, ne fasse pas *retour* par des échanges en produits, avec les pays qui l'ont reçu, ou avec les pays qui ont des mines d'or et d'argent, et qui nous donnent ces matières en *retour* de nos produits manufacturés; et encore par des combinaisons *de changes*, d'un pays à l'autre, suivant que le numéraire est plus ou moins abondant : ce qu'il ne faut pas confondre avec l'*agiotage*.

L'INDUSTRIEL. Des socialistes professent que *la rente* du capital en argent ne devrait pas exister, qu'elle devrait être supprimée.

Signe d'échange, le numéraire ne devrait jamais, suivant ces socialistes, remplir les fonctions d'un instrument de travail, comme la terre, les machines, la vapeur.

La monnaie ne devrait donc être employée qu'à l'achat d'un produit, sans qu'il y eut rémunération pour le service qu'elle rend dans une opération industrielle, comme un des agents de la production.

L'ÉCONOMISTE. Il est certain que *la rente du numéraire*, démoralise le pays, quand elle devient un *agiotage*; quand l'or et l'argent monnayés sont considérés comme son unique richesse.

L'avidité que l'on met à acquérir cette monnaie, est presque toujours une des causes principales des divisions qui s'élèvent entre les classes des citoyens.

Le service de l'argent pourrait être *gratuit* puisqu'il

est *enfoui* par les avares. Il a été même *gratuit* chez certains peuples ; mais avant l'invention des arts industriels, et une navigation digne de ce nom. Dans un pays industriel, la monnaie doit nécessairement être convertie en capital *produisant un loyer*; parce qu'elle rend un service dans toutes les industries, en s'associant au travail intellectuel et manuel.

Le prix ou la rente du capital en argent est représenté dans la valeur du produit.

On peut sans doute, objecter, c'est même une raison des plus logiques, que la valeur du produit serait moins élevée, que le consommateur achèterait à meilleur compte, que par fois ; le fort loyer du capital en numéraire absorbe les profits. Mais ce capital rend un service trop important aux industries, en entrant comme principal ressort dans leurs rouages, pour qu'il ne soit pas considéré comme cheville ouvrière.

Ce capital, n'est-il pas nécessaire dans la construction des usines, des navires, pourl'achat des machines, des matières premières, pour le paiement des salaires? Les capitalistes qui fournissent l'argent pour toutes ces constructions, pour les achats, pour même le paiement des salaires, lorsque les établissements commencent à fonctionner, doivent recevoir le prix du service qu'ils rendent en mettant en jeu un établissement quelconque.

Ne loue-t-on pas une maison, une ferme, une voiture, un cheval? on peut, j'en conviens, remettre une maison sans loyer; le prêt de la voiture du cheval se faire *gratuitement*. Mais le preneur a à sa charge les réparations de la maison, celles de la voiture, la nourriture du cheval ; n'est-ce pas là le prix *du service* !

Convenons ensuite, que ne pas louer à prix d'argent, des maisons, des voitures, des chevaux, des fermes, s'est revenir à l'enfance d'une société ; elle devrait renoncer aux progrès de la civilisation, à la division du travail : au lieu d'édifier, elle détruirait !

Au surplus, le producteur est lui-même consommateur. Tous les individus rendent un service quelconque à la société, si ce n'est le mendiant. L'existence de chaque individu, de chaque famille, repose sur l'échange continuel des produits, ou des services.

Sans produits, y aurait-il des consommateurs ? et sans producteurs et consommateurs, y aurait-il échange ?

L'association entre le capital et le travail, ce levier si puissant dans un pays industriel, n'aurait jamais lieu, si le capital en numéraire ne devait pas rendre un profit appelé *intérêt* ou *rente*.

L'association du capital et du travail est préférable à la *commandite*, ou à une industrie créée par actions.

L'associé capitaliste joue un rôle actif. Il est producteur réel, tandis que le commanditaire et l'actionnaire ne jouent qu'un rôle passif. C'est souvent un gain considérable ou usuraire qui a engagé le capitaliste à prendre des actions, ou à commanditer.

Le numéraire est cependant le capital le moins solide, le temps lui fait perdre de sa valeur ; ce qui exige une refonte; il peut être encore démonétisé ou altéré par l'État.

Le numéraire ne peut donc être le fondement des richesses d'un pays, son principal élément industriel.

L'Industriel. Le gouvernement provisoire de la République, dans ses hallucinations, avait cependant posé la base du crédit public, en fondant des comptoirs d'escompte et de garantie ou sous-comptoirs, en créant de vastes dépôts de marchandises dans les centres commerciaux, et en donnant une valeur négociable au récépissé (1).

L'Économiste. Ces magasins généraux et comptoirs d'escompte doivent aussi être institués pour l'agriculture. L'on y déposerait les produits en grains, en vins et autres denrées, moyennant *récépissé négociable* (2).

(1) Les magasins généraux complètent l'ensemble des mesures extraordinaires destinées à remplacer le crédit éteint, et la circulation paralysée. Placés sous la surveillance de l'autorité, ces établissements recevaient en dépôt les matières premières et les objets fabriqués, dont la crise empêchait la vente. Des RÉCÉPISSÉS, extraits des registres à souches, transférant la propriété des dépôts et TRANSMISSIBLES PAR ENDOSSEMENT, étaient remis aux déposants et formaient entre leurs mains UNE VÉRITABLE MONNAIE DE PAPIER, AYANT SA REPRÉSENTATION EN NATURE.

Sans l'aide donnée par l'État sous la forme du crédit artificiel ; l'industrie, le commerce seraient tombés dans une faillite à peu près générale; pas une affaire n'eut été possible : COMPTOIRS, SOUS-COMPTOIRS, MAGASINS PUBLICS, voilà les pivots autour desquels ont roulé les opérations commerciales. (M. Audiganne. de l'industrie française, depuis la révolution de Février).

(2) Dans mes *Vues sur l'agriculture des Basses-Alpes*, que je publiai en 1823, j'avais indiqué l'institution des dépôts de denrées.

Par cette organisation, l'agriculteur obtiendrait des capitaux, soit en numéraire, soit en billets de ces comptoirs; mais l'intérêt du prêt doit être fixé à 4 p. 0|0 par les règlements, et réduit au plus tôt à 3, 2 1|2 p. 0|0.

Par un crédit ouvert à l'agriculteur, au plus petit propriétaire et aux fermiers, de quelque manière que ce soit, ou par des banques territoriales, ou par des dépôts de denrées et comptoirs d'escomptes avec récépissés négociables, l'industrie agricole s'élèvera à une grande prospérité, surtout si les bras qui s'en sont inconsidérablement éloignés y reviennent, ou même si l'on fixe sur le sol français, par une éducation spéciale à l'agriculture, la jeune génération qui n'est pas encore devenue nomade.

Mais dans ces banques ou comptoirs d'escompte avec dépôt de marchandises, on ne doit pas exiger, outre le dépôt, *une seconde signature* sur la valeur remise à la banque par l'emprunteur. La seconde signature maintiendrait l'usure, cette lèpre qui dévore les agriculteurs et les industriels, comme les petits commerçants.

Si la seconde signature est exigée, il surgira dans chaque canton, et même dans chaque commune, des *escompteurs*. Ces trafiquants se feront une industrie de la *seconde signature*. Ils escompteront au petit commerce au taux de 10, 12, 15 p. 0|0 des effets à une signature. Ils iront ensuite les escompter à la banque territoriale ou au comptoir d'escompte, à 3 p. 0|0.

Ce trafic ruineux pour le petit industriel, a lieu dans

toutes les villes où des succursales de la banque de France sont établies, et surtout à Paris, siége de la banque deFrance qui exige deux signatures connues sur la place.

On a vu des escompteurs, avec quelques mille francs, faire des fortunes scandaleuses.

Par leur faste, par leur morgue, ils outrageaient encore l'industriel et le commerçant qu'ils ont conduits à leur ruine!

Il faut abattre l'usure partout où, comme une hydre, elle se présentera.

Le pays ne sera heureux que lorsque l'usure aura disparue. Alors, la répartition du travail se fera avec plus de facilité, et de grandes richesses, résultat des produits, se répandront dans toutes les veines du corps social.

La République qui est appelée, par l'art. 13 de la Constitution, à modifier l'ordre social actuel, en ce qu'il a d'affligeant pour l'humanité, doit porter sa hache sur tout ce qui a trait à l'usure, à l'agiotage, au monopole, à la fraude.

Je m'explique, je ne veux en aucune manière, que l'individu soit attaqué, loin de moi une pensée aussi atroce; mais par de bonnes lois, il faut extirper les vers rongeurs des industries, l'usure, la fraude et le monopole.

Des publicistes se faisant les courtisans, les adorateurs de ce qu'ils appellent *le peuple*, se sont emparés de nos chancres sociaux. Ils en ont fait un levier pour révolutionner la nation. Ils n'ont que leurs propres intérêts pour guides !

Qu'entendent-ils par ce mot *peuple* ? Suivant eux, les citoyens pauvres, les prolétaires, seraient *le peuple souverain*.

Réformateurs peu conséquents et complètement en délire, sachez que le *peuple roi*, comme vous l'appelez, c'est la nation en masse, sans distinction de classes !

Vous n'adulez, ce qu'il vous plaît d'appeler *prolétaires*, que pour arriver au pouvoir !

Vous ne rêvez que pouvoir ! vous voulez que le prolétaire soit votre seïde, pour exiger ensuite qu'il soit à vos pieds ! et prendre à son égard des airs de grandeurs ! Aucune pensée généreuse pour les citoyens que vous élevez jusqu'à ce trône qu'ils auraient abattu dans votre seul intérêt, n'a germé dans vos cœurs !

Si vos cœurs avaient donné une seule pulsation pour le *prolétaire*, vous n'auriez pas la coupable pensée de le jeter dans l'anarchie, de lui enlever, à lui si héroïque, si bon, quand il est livré à ses sentiments, le seul bien qu'il possède, *l'espérance* de jouir de la vie d'une manière confortable, par le *travail*, qui ne peut se développer que par l'ordre !

Comment voulez-vous que le peuple arrive par le travail à une honnête aisance, si vous détruisez la société de fond en comble ! si vous précipitez dans le cratère d'un volcan politique tous les capitaux, et paralysez les efforts et le zèle des hommes à science qui, de concert avec les bons et habiles ouvriers, élèveraient la France à l'état le plus florissant; répandraient sur ce beau pays des flots de prospérité!

Vous, reconstituer la société que vous auriez fait disparaître du globe comme nation! que vous auriez réduite à l'état de sauvagerie! c'est impossible! celui qui démolit dans la rage, dans un accès de folie, ne peut reconstruire : il faut du calme pour édifier.

L'Industriel. Nous nous entendons parfaitement sur les questions qui se rattachent à l'éducation spéciale pour chaque industrie, et au crédit public.

Il n'y a de dissidence entre nous que sur le régime actuel des douanes.

Vous voulez que les prohibitions soient abolies; de mon côté, je tiens au régime protecteur pivotant sur les prohibitions ou sur les droits prohibitifs.

La fabrication d'un pays est une source de richesses. Celle de la France emploit des bras qui lui seraient à charge, si elle s'affaiblissait.

Quelque extension que l'on put donner à l'industrie agricole, en défrichant les marais, les landes qui couvrent encore une partie du sol, en améliorant les terres en cultures, sans industrie manufacturière, on verrait des familles entières s'expatrier, comme en Allemagne, comme en Suisse, comme dans tous les pays presque sans fabrication.

N'avons-nous pas dans notre industrie manufacturière une population laborieuse?

L'Économiste. La classe laborieuse ou ouvrière est celle qui doit obtenir un appui constant du législateur;

Ne gagnant que ce qui est indispensable à ses besoins, ayant même à supporter des privations pendant les chomâges, la position des ouvriers doit inspirer à nos législateurs la plus noble sympathie.

Mais cette protection doit émaner du développement de toutes les industries : elle ne doit pas être spéciale à une seule.

Ce développement ne peut avoir lieu que par une grande extension donnée au commerce extérieur, c'est-à-dire par la modification de la législation des douanes.

Le peuple qui voit ses intérêts matériels grandir, quand il n'est pas fanatisé par des sentiments religieux, ou poussé à des mouvements politiques par des ambitieux, ne cherche jamais à changer de position. Il sent qu'il a besoin de conserver ce qu'il a ; qu'un arrêt dans le travail serait pour lui un état de misère et de ruine.

L'Industriel. Je ne puis que déplorer vos vues sur la protection du travail!

En ouvrant nos frontières aux produits étrangers aujourd'hui prohibés, les ouvriers employés à la fabrication des objets similaires, se trouveront aussitôt sans travail. Vous les mettez dans la nécessité ou de s'expatrier, ou de demander du pain à la charité du pays.

L'Économiste. Vous revenez toujours sur les mêmes idées,

Je combattrai dans notre quatrième entretien, par des raisons qui, je l'espère, vous paraîtront puissantes et décisives, tous les motifs que vous avez déduits sur la nécessité pour la France, de maintenir le régime actuel des douanes.

L'Industriel. Je doute que vous puissiez faire disparaître de ma pensée cette conviction profonde, que la concurrence étrangère sera la ruine de l'industrie manufacturière française, et principalement de nos fabriques en cotonnades et en draperies; quelle ne puisse nuire à nos hauts fourneaux, et à notre agriculture.

QUATRIÈME ENTRETIEN.

Réfutation des motifs invoqués pour le maintien du régime prohibitif des douanes, ou protecteur du travail national.

L'Économiste. Si dans cinquante ans d'un système prohibitif faisant la base de la législation des douanes, et par conséquent d'une législation très-protectrice des industries, la France n'a pas fait de prodiges, ne faut-il pas y renoncer?

Si avec son génie d'invention et de perfection, avec ses savants, l'intelligence et l'habileté de ses fabricants, de ses artistes et de ses ouvriers, la France n'a pas égalé et même surpassé l'Angleterre, ne doit-elle pas abandonner un régime qui ne peut rien pour sa puissance, pour sa grandeur?

N'est-ce pas humiliant pour la France, pour la nation la plus avancée en civilisation, si la Grande-Bretagne a une fabrication plus riche, plus florissante, malgré des règlements de douanes qui, depuis un demi-siècle, n'ont pas cessé de protéger ce que l'on appelle le travail national!

L'Industriel. Cette infériorité de la France pour

la fabrication des principaux articles ne peut être mise en doute.

L'ÉCONOMISTE. Les motifs que vous avez fait valoir n'ont pu me convaincre.

Les Anglais, avez vous dit, vendront au besoin au-dessous du prix de revient, leurs marchandises sur le marché français, dans le but de faire fermer nos ateliers. L'Angleterre, dites-vous encore, a des matières premières à meilleur marché. Elle les tire directement de ses possessions. Elle a des houilles en plus grande abondance; le minerai à sa portée, des voies de communication plus faciles et beaucoup plus multipliées.

L'INDUSTRIEL. Comment pourriez-vous contester l'exactitude de tous ces faits, et ne pas y voir ce qu'aurait de ruineux pour la France, la concurrence étrangère?

L'ÉCONOMISTE. Il me sera facile de combattre toutes vos objections; de les rendre vaines.

Au sujet de la concurrence, ne m'avez-vous pas dit qu'elle était dans sa plus grande activité; qu'une armée de commis-voyageurs guerroyait chez tous les marchands pour placer nos objets de fabrication. Si une concurrence existe déjà dans notre pays, est-il probable que les Anglais veuillent la compliquer par une baisse trop forte dans les prix, et jouer à leur ruine?

Ne devraient-ils pas payer des droits de commission, de magasinage, qui déjà profiteraient à la France par l'établissement des entrepôts de marchandises anglaises? tous ces frais n'augmenteraient-ils pas la valeur des produits étrangers?

Les marchands français se débarrassent peu à peu de la légion des commis-voyageurs, ils vont eux-mêmes acheter en fabrique, et obtiennent, en payant comptant, un escompte du fabricant.

La fabrication anglaise aurait donc beaucoup de peine à soutenir la concurrence contre tous les ateliers français, en admettant l'égalité dans les produits des deux pays?

Mais la différence du prix de vente ne serait-elle pas en faveur des objets indigènes, par les droits d'entrée qui seraient combinés de manière à ne pas déprécier les produits des fabriques françaises!

Le prix de ces objets étant descendus assez bas, sans qu'il y eut perte pour le fabricant, la consommation en serait indubitablement plus considérable.

Le consommateur pauvre aurait aussi un vêtement d'été et d'hiver, il aurait un lit, il ne coucherait plus sur la paille, pêle-mêle, femme et enfants, ou sur des planches, où debout appuyé sur une corde, ou en plein air sur un ban de pierre.

Ce prolétaire aurait au moins une couverture pour se couvrir la nuit; son enfant aurait des langes propres, sa femme ne serait pas vêtue de haillons; elle serait mise avec décence.

L'hygiène du pays, on peut même dire des deux pays, y gagnerait!

L'Industriel. Ne vous ai-je pas dit que le consommateur donnerait la préférence à la marchandise anglaise ; que bientôt la masse des objets fabriqués par les deux pays, encombrerait le marché français: une vilité dans les prix serait inévitable.

L'Économiste. Jamais de nos jours, le Français ne préfèrera la marchandise anglaise, à prix égal, à celle de son pays !

En admettant cette préférence pour quelques parties : car il faut supposer un débit quelconque à la marchandise anglaise, n'exporterions-nous pas en Angleterre, des marchandises de nos fabriques ?

Il y aurait aussi, en Angleterre, des entrepôts de nos objets fabriqués. Les Anglais en feraient un commerce d'exportation pour leurs possessions d'outre-mer.

Leur immense navigation maritime, moins chère, plus active que la nôtre, facilitera cette exportation.

Quand les Anglais viennent en France, n'achètent-ils pas les objets fabriqués dont ils ont besoin ?

Sans le régime encore rigoureux de leurs douanes, ne feraient-ils pas des achats considérables ?

La concurrence serait beaucoup moins forte que celle qui nous afflige aujourd'hui entre fabricants français, par suite de la rigueur du régime protecteur.

Quelques objets de fabrication étrangère provenant des fabriques anglaises sont importés en France ; les fabricants français des objets similaires, ont-ils fermé leurs ateliers?

L'Industriel. Ne vous ai-je pas dit aussi que les

Anglais fabriqueraient à meilleur marché par la diminution des salaires qu'ils obtiendraient des ouvriers.

L'Économiste. Les ouvriers anglais ne consentiraient jamais à se faire des privations, à manquer même du nécessaire pour un résultat incertain.

Dans tous les temps les ouvriers ont demandé une augmentation de salaires proportionnés aux progrès de la civilisation, à cause des besoins qu'ils font naître. Ils s'attachent surtout à mettre leurs salaires en rapport avec les richesses dont le pays s'est accru ; prospérité à laquelle ils ont contribué, comme un *des agents moteurs*, soit par leur intelligence, soit manuellement. Comment donc craindre une diminution dans les salaires des ouvriers anglais ?

Les ouvriers, de quelle nation qu'ils soient, réprouveront toujours les moyens honteux employés pour nuire à une fabrication étrangère quoique rivale.

L'Industriel. Mes objections subsistent pour les voies de communication, pour les houilles, les machines perfectionnées, les matières premières à plus bas prix. Ce sont là autant de causes pour tenir à un prix très-inférieur à celui de la marchandise française, l'objet fabriqué en Angleterre.

L'Économiste Je crois vous avoir dit, que les frais de transport, de commission, frais de magasinage et les droits d'entrée égaliseraient les prix. D'ailleurs, l'introduction des marchandises anglaises fut-elle préjudiciable à quelques fabricants français, qu'à l'aide des hommes qui ont des connaissances spéciales dans les arts, ces fabricants inventeraient des procédés pour égaler la fabrication anglaise?

Nos fabricants sont sans cesse occupés à atteindre la perfection d'une marchandise étrangère.

Pourrait-on méconnaître le génie dont le fabricant français est doué pour perfectionner et surpasser en fini, son rival d'outre-Manche, et même de tous les pays?

L'Industriel. Vos idées ne pourraient être appréciées qu'autant que les Anglais se départiraient de leur système protecteur ou prohibitif. Soyez certain qu'ils ne l'aboliront dans aucun cas, à moins qu'ils n'aient, ainsi que je l'ai dit, la certitude qu'ils ne rencontreront sur aucun marché, une concurrence sérieuse.

L'Économiste. Nous tournons toujours dans le même cercle très-vicieux. Nous serions, suivant vous, sur une voie sans issue, dans une impasse.

L'Angleterre a compris que tous les pays fabriqueraient tôt ou tard, que ses produits manufacturés seraient un jour repoussés de tous les marchés étrangers, elle est donc forcée d'adopter un autre régime de douanes, de proclamer une sage liberté dans les échanges des produits entre tous les peuples.

Les hommes d'État anglais ont aperçu le grain. Leur perspicacité est toujours sûre, en matière commerciale.

En paix avec toutes les nations, peuvent-ils être en guerre commercialement? Peuvent-ils continuer une espèce de blocus continental pour les objets ouvrés des fabriques étrangères?

La raison d'état leur a dit, que le système prohibitif adopté par toutes les nations, amènerait tôt ou tard une conflagration générale.

L'Angleterre n'éprouverait-elle pas une grande tourmente?

Comme puissance maritime, elle y perdrait ses nombreuses colonies; ce serait du moins leur ruine. Ses colonies alimentent sa fabrication par les matières premières qu'elles donnent.

Ce sont ces pensées à la fois politiques et sociales qui guident la nation britanique.

Les protectionistes ne voient qu'une seule chose dans les vues élevées et profondes des hommes d'État anglais, notamment dans celles de Robert Peel : un désir immodéré de répandre les produits des îles britanniques dans tout l'univers, et celui de ruiner nos fabricants par une concurrence sur le marché français.

Nos fabricants rencontrent cependant cette même concurrence anglaise sur tous les marchés étrangers. Ils s'y soumettent et savent quelquefois la vaincre par la bonne qualité et le bas prix des produits.

L'Industriel. Nous n'avons pas, je le répète, comme la Grande-Bretagne, de vastes possessions. Attendons que nos objets fabriqués soient aussi répandus que ceux des Anglais, et qu'ils soient même préférés sur beaucoup de marchés.

L'Économiste. L'Angleterre trouvant dans ses colonies des débouchés assurés, ne devons-nous pas les rechercher?

Cette nation voulant sincèrement la liberté des échanges, sans prohibitions, ouvrira les marchés de ses colonies à tous les commerçants : la France pourra-t-elle se trouver lésée?

Par là, la contrebande qui porte dans les deux pays un si grand préjudice, disparaîtrait.

Si l'on recherchait tout ce que la contrebande a de nuisible et de funeste pour la fabrication française et pour celle de l'Angleterre, l'abolition du système prohibitif ne serait pas même mis en question.

Quand la contrebande est assurée par des primes très-élevées, on peut dire qu'elle est très-active.

Elle est aujourd'hui moins active, parce que depuis vingt ans, le Français consomme de préférence le produit ouvré de son pays.

Quelque régulier et sévère que soit le service actif des douanes, on ne pourra, par la répression, détruire complètement la contrebande, cette plaie de l'industrie manufacturière qui atténue le système prohibitif et démoralise les habitants des côtes et frontières.

La contrebande se faisant à main armée, n'est-elle pas un brigandage? N'oblige-t-elle pas le pays d'avoir une armée de douaniers, toujours l'arme au bras contre les fraudeurs et les contrebandiers?

Des marchandises prohibées pénètrent par suintement, malgré le zèle, la vigilance des employés des douanes.

La contrebande a aussi sa protection. N'est-elle pas protégée par des frontières montagneuses très-étendues, les Alpes, les Pyrénées et par des côtes à réseaux vastes, que de nombreuses anses rendent très-abordables ?

La diminution de la contrebande, sa disparition même ne se réaliseront que par la perfection des objets de fabrication française, par leur bon marché, par leur égalité pour le fini avec les produits anglais, et enfin, par l'introduction de tous les objets de fabrique étrangère, aujourd'hui repoussés par des prohibitions ou des droits prohibitifs.

L'Industriel. L'introduction des produits de l'industrie anglaise, aujourd'hui prohibés ou frappés d'un droit prohibitif, faisant s'écrouler un grand nombre de fabriques, les chefs de ces fabriques seraient non-seulement ruinés, mais les ouvriers qui y sont attachés seraient à la mendicité : que deviendraient-ils?

L'Économiste. Pourquoi redouteriez-vous la chute de quelques fabriques ?

Vous attachez à la fermeture d'un nombre quelconque de fabriques, un ébranlement dans notre ordre social. L'établissement des messageries en diligence, n'a-t-il pas opéré un grand changement dans les voies de transport ?

Des milliers de messagers qui conduisaient à petites journées, n'ont-ils pas été contraints d'abandonner leur industrie ; le seul moyen d'existence qu'ils eussent pour eux et leurs familles ?

N'est-ce pas à la concurrence que leur ont fait les entreprises à grandes vitesses, qu'ils ont dû la privation de leur industrie?

Ces messagers n'ont-ils pas trouvé des emplois tout aussi lucratifs que leur première occupation, dans l'organisation, dans tout le pays, des messageries en diligence, des malles-postes?

N'y a-t-il pas toujours eu une profonde commotion pour les classes laborieuses, par l'invention de nouvelles machines, par la découverte de la vapeur, par la création d'un nouveau procédé?

Les nouvelles voies de chemins de fer ne vont-elles pas nuire au roulage, et presque anéantir celui des anciennes grandes voies de communication? Ruiner les rouliers, les maîtres de poste, les aubergistes? Atteindre dans leurs métiers les marchands de chevaux, les charrons, les bourreliers?

Les canaux, la navigation fluviale, les chemins de fer, sont autant de véhicules de prospérité pour un pays, qui se font entre eux concurrence!

La moindre découverte dans une science, dans un art, opère une révolution dans la fabrication spéciale.

La chimie qui a fait tant de progrès depuis un demi-siècle, même depuis Fourcroy, Lavoisier, Vauquelin, Chaptal, n'a-t-elle pas changé la face de la fabrication qui emploit les produits chimiques, et dans celle où la chimie est appliquée?

Naguère, les fabriques de sucre de betterave ont été

attaquées dans leurs productions; leurs produits ont été imposés : ont-elles croulé ?

Ces fabriques qui paient annuellement 23 millions de droits au trésor public; droits égaux à ceux payés par les sucres des colonies françaises, ont redoublé d'efforts; et cette fabrication s'est mise en concurrence depuis l'impôt, avec encore plus d'activité, contre l'importation du sucre colonial.

Les fabriques de sucre de betteraves ont donné en matières saccharines *quinze millions* de kilogrammes de plus qu'avant l'impôt.

Cette industrie est devenue un obstacle véritablement sérieux pour l'écoulement du sucre de cannes. Elle ralentit le mouvement de notre marine marchande.

L'Angleterre n'a pas entravé ses échanges avec les pays producteurs du sucre de cannes, par la fabrication du sucre de betterave; elle l'a défendue.

Une exportation considérable de sucre de betterave raffiné, et la diminution du droit d'entrée sur le sucre colonial, pourraient concilier tous les intérêts.

Quand un pays a le génie de l'invention et de la perfection, il lutte contre tous les obstacles, et parvient à les vaincre!

Leblanc avait inventé la soude factice; mais son invention était presque oubliée, lorsque, sous le blocus continental, la France se trouvant dans la nécessité de se suffire à elle-même, Chaptal, s'emparant de l'invention de Leblanc, devint le fondateur, en Provence, de ce genre d'industrie, que les nombreuses fabriques de savon établies à Marseille, réclamaient pour se maintenir.

Chaptal éleva une fabrique de soude dans le département des Bouches-du-Rhône, près du port de Bouc.

On y vendit d'abord la soude à quatre-vingt-dix francs le quintal métrique.

De nombreuses fabriques s'établirent dans le même département, dans les antres, dans des gorges des territoires de marseille, d'Aix : le prix de la soude est descendu à 7, 6 francs les cent kilogrammes.

Cette fabrication s'est soutenue malgré la baisse énorme du prix de son produit, malgré les nombreux procès faits aux fabricants, en réparation des dommages causés par la fumée corrosive sortant des fourneaux, aux propriétés riveraines. Des condensateurs ont même été construits à grands frais.

L'INDUSTRIEL. Les progrès des sciences, des arts et de la civilisation produisent, j'en conviens, des changements dans l'économie du pays. Ces changements forcément subis, nuisent à la classe indutrielle, ou à l'industrie partielle qui en est frappée, et ils empireraient la position de la classe laborieuse s'il y avait encore une concurrence étrangère.

La France n'a-t-elle pas assez de ses mouvements d'intermitence dans ses industries ? L'extérieur doit-il venir compliquer des crises qui peuvent être graves et périlleuses, par un engorgement des produits français et étrangers ?

L'ÉCONOMISTE. Les crises sont presque toujours produites par l'excentricité de fabrication, et par le manque de débouchés.

En 1847, cette excentricité a jeté la perturbation chez nos voisins d'outre-Manche. Elle a ébranlé le crédit, les faillites s'y sont succédées. Les banques anglaises ont suspendu leurs paiements, et la banque d'Angleterre a porté jusqu'au taux de 8 p. 0/0 son escompte qui est normalement au 4.

La Grande-Bretagne aurait-elle ces cruels embarras, ces perplexités industrielles, si elle avait dans tous les temps, maintenu ses tarifs des douanes à des droits purement fiscaux? Si elle n'avait pas enfanté laborieusement le système prohibitif, sa prospérité n'aurait rien de factice. Elle serait dans un état plus normal : elle serait moins haletante ; elle n'aurait pas de temps à autre, ses grands méteengs.

L'Industriel. Ma pensée à ce sujet, est opposée à la vôtre. La Grande-Bretagne a éprouvé en 1847, une crise commerciale sans exemple dans ses annales, pour avoir voulu modifier sa législation des douanes, et arriver progressivement à une liberté presque absolue du commerce.

L'Économiste. Détrompez-vous! Cette crise est une conséquence du système prohibitif de l'Angleterre. Elle ne l'a pas encore abandonné ; elle a fait à peine quelques pas.

L'extension que cette puissance a donnée à sa fabrication, la mine aujourd'hui, que les débouchés se resserrent dans les pays civilisés où une industrie manufacturière se constitue.

Elle avait appliqué son régime prohibitif aux céréales, dans l'intérêt de sa propriété territoriale pivotant encore sur la féodalité. Elle en a subi les conséquences, dans un moment de disette. Le coup même a été foudroyant. Elle s'est hâtée d'abolir non-seulement les droits prohibitifs sur les grains; mais encore d'en permettre l'importation *en exemption de droits*.

L'Industriel. Les causes réelles des crises industrielles et commerciales éprouvées par l'Angleterre, sont évidemment dans ses spéculations peu mesurées, dans ses gigantesques entreprises, dans les frais de construction de ses réseaux immenses de chemins de fer, et non dans le régime de ses douanes.

L'Économiste. Si l'Angleterre se livre à de grandes et vastes entreprises, qu'elle doit à son esprit d'association, si pour diminuer les frais de transport qui augmentent toujours le prix vénal du produit, son sol est serpenté par de nombreux chemins de fer, c'est qu'elle compte sur les produits de sa gigantesque industrie manufacturière, et sur la vente de ses produits par *moyens d'échanges*, dans ses colonies et à l'étranger. L'exportation de ce pays se ralentissant, toutes les industries reçoivent une commotion pareille à celle du tremblement de terre qui crevasse un édifice.

On le voit : le régime prohibitif est un obstacle évident à l'écoulement des produits d'un pays, à l'étranger. Les crises d'une nation essentiellement industrielle, proviennent toujours de sa législation des douanes, d'un système de douanes trop tendu.

L'INDUSTRIEL. N'ai-je pas reconnu que de nouveaux débouchés étaient indispensables à la France?

L'ÉCONOMISTE. Je crois vous avoir dit, qu'on ne parviendra à. avoir d'immenses débouchés, qu'en abolissant le régime prohibitif.

C'est ainsi que la France aura contre une concurrence étrangère, une compensation fructueuse, par une importation considérable de ses produits sur les marchés étrangers, notamment sur les marchés anglais.

Ensuite par des droits d'entrée modérés, les revenus publics seront considérablement augmentés.

L'INDUSTRIEL. Si les consommateurs français donnent la préférence aux objets sortant des manufactures du pays, la vente des marchandises étrangères deviendra impossible sur nos marchés. Comment pouvez-vous compter sur des recettes de douanes plus fortes? les marchandises anglaises mises, sans doute, en entrepôt, resteront invendables.

L'ÉCONOMISTE. Il y a, ce me semble, une grande différence entre un objet dont l'entrée est prohibée, et un objet qui peut être importé moyennant le paiement d'un droit modéré; c'est au consommateur à faire un choix.

L'Angleterre ne peut tarder à proclamer une plus grande liberté dans le commerce extérieur. Elle abolira incessamment toutes les entraves prohibitives. Elle refondra sa législation des douanes.

L'Industriel. Si les Anglais changent leur politique et la basent sur le commerce international, ce sera toujours en vue d'être les dispensateurs des marchés du monde.

L'Économiste. Toujours la même idée fixe. Seriez-vous encore imbu des anciens préjugés contre un peuple qui peut, de concert avec la France, civiliser l'univers, y répandre les saines doctrines d'économie sociale et politique, en secouant les chaînes des peuples esclaves, en fondant de nouveaux empires?

L'Angleterre ne veut plus de cette politique étroite qui n'a que trop longtemps pivoté sur des intérêts domestiques, sur des intérêts de castes qui ont soulevé les peuples, les ont armés pour des guerres impies!

Sous un autre point de vue, si les États-Unis et les pays de l'Amérique du Sud, adoptaient le système prohibitif à l'importation, et prohibaient en même temps l'exportation du coton, cette nouvelle législation ne détruirait-elle pas en France et en Angleterre les fabriques si florissantes et si considérables de cotonnades?

Une concurrence outrée peut froisser, peut donner au pays, pendant quelques temps, un état fébrile, même désordonné; mais le manque de matières premières, dans une fabrication dont les produits entrent pour moitié dans les vêtements d'un peuple; c'est le coup de la mort!

La fabrication française d'étoffes de coton qui n'a pas pour se pourvoir en coton, des possessions françaises d'outre-mer, serait frappée au cœur, complètement anéantie, si les pays producteurs défendaient la sortie de cette matière textile.

L'Angleterre n'éprouverait qu'une crise ; elle en sortirait promptement, en encourageant la culture du coton dans ses colonies.

L'augmentation du prix des cotons et une diminution dans l'arrivage n'ont ils pas occasionné, en 1847, en France et en Angleterre, une gène qui a mis en chômage plusieurs fabriques ?

L'Industriel. Vos prévisions sur la prohibition du coton par les pays producteurs, ne peuvent se réaliser, du moins à notre époque. On récoltera toujours suffisamment du coton, pour alimenter les fabriques européennes. La matière première se crée au fur et à mesure que la fabrication où elle entre, prend de l'extension.

Le coton n'a-t-il pas été importé en France même sous le blocus continental ?

Partout où il y a consommation les produits abondent. C'est ainsi que la Russie et les États-Unis pourront toujours nous livrer, dans un moment de disette, des grains et des farines.

L'Économiste. Les pays qui nous vendent le superflu de leurs récoltes en grains, peuvent avoir un jour des motifs pour prohiber la sortie du blé et des farines, si la disette nous menaçait encore. Cette prohibition serait motivée sur notre législation des douanes qui restreint des échanges. Restriction d'autant plus nuisible quelle met la France dans la cruelle position de faire ses achats de blé en numéraire.

L'industrie manufacturière est plus productive que l'industrie agricole. Elle n'a pas cette vacillation due aux intempéries des saisons.

Depuis la découverte de la vapeur, elle a des machines qui centuplent au besoin les produits.

Si jamais les pays producteurs du coton, se livrent à une fabrication de colonnades, les produits de cette matière textile ne seront jamais en proportion avec le grandiose d'une fabrication très-répandue dans le monde.

Supposons encore, ce qui est dans les probabilités, que l'Espagne qui a mis en vigueur le système prohibitif, et d'autres pays producteurs de la laine, défendissent à la sortie cette matière première.

Une telle prohibition jetterait incontestablement le trouble dans nos manufactures lainières. Notre fabrication en draperie, en casimir, en étoffes de laine, en chales, reçoit des laines de l'étranger pour au moins soixante millions de francs.

Ce régime prohibitif adopté, nos fabriques ne seraient-elles pas tout à coup dans un arrêt complet ?

L'Italie, usant du même moyen pour la soie, matière qui est encore indispensable à notre fabrication, et dont l'importation s'élève à quarante millions de francs ; notre industrie en étoffes de soie, on ne peut plus précieuse, toujours en progrès, presque spéciale, pour le goût et le beau, à une des principales villes de France, Lyon, serait arrêtée dans son mouvement ;

un nombre considérable d'ouvriers habiles et laborieux se trouveraient sans ouvrage.

Tout cela est-il impossible? Pourquoi supposer moins d'intelligence aux autres pays qu'à la France et à l'Angleterre?

Nous avons appris la nouvelle stratégie militaire à l'Europe, presque à tous les peuples civilisés. Les puissances européennes ne se sont-elles pas emparées de notre tactique militaire?

L'excès de l'industrialisme, trop de richesses qui amènent la luxure, quand elles sont concentrées et monopolisées, ne peuvent-elles pas obscurcir le génie industriel des deux pays?

Les nations ont comme l'espèce humaine, puisqu'elles en sont le composé! elles ont leur enfance, leur âge d'adolescence, de virilité, leur vieillesse et leur décrépitude.

Une nation doit se maintenir dans l'âge de virilité par des lois sages, et dans la modération des jouissances de la vie.

Des règlements de douanes basés sur des prohibitions, des ouvriers habiles embauchés à la France et à l'Angleterre, les deux pays ont même beaucoup d'ouvriers étrangers, feraient édifier par enchantement, avec une promptitude étonnante, dans les pays de production, la fabrication qui emploit le coton.

Ce que la révocation de l'édit de Nantes eut de désastreux pour la France, en transportant en Angleterre, en Hollande, en Silésie, son industrie manufacturière créée et encouragée par Colbert, se reproduirait par la prohibition sévère de l'exportation des matières premières, par les pays qui les produisent.

Cette prohibition à la sortie des matières premières comme coton, soie, laine, par les pays qui en importent en France aujourd'hui, serait d'autant plus calamiteuse pour la France, que sa population va en augmentant, et que la classe ouvrière devient de plus en plus nombreuse.

La misère la plus profonde exaspérerait les travailleurs. Un peuple qui manque d'aliments est un peuple agonisant; un ouragan politique est à craindre. Regardez vers l'Irlande!

L'Industriel. Tous les pays ne peuvent former des établissements industriels comme ceux de la France et de l'Angleterre. Il faut d'immenses capitaux, et une appropriation qui ne se rencontre pas dans chaque pays.

L'Économiste. Déjà les États-Unis ont une industrie manufacturière qui marche à pas de géants. Cette puissance a une habileté rare pour la progression.

L'Espagne pacifiée fera de plus en plus des sacrifices pour ses intérêts matériels. Elle sera bientôt au second rang des pays industriels.

L'Italie finira par avoir des fabriques qui occuperont la classe ouvrière, et calmeront cette turbulence qu'un climat chaud provoque. Elle a même quelques manufactures d'étoffes de soie.

Le Piémont a fondé des établissements industriels;

Gênes et Nice fabriquent des objets similaires à ceux de nos fabriques.

La Sardaigne, les États romains, Naples, tous les États d'Italie ont une tendance pour avoir les mêmes tarifs et règlements de douanes. Ces pays auront un jour leur zollwerein comme l'Allemagne, la Prusse.

La Russie, la Norvège, ces régions glaciales se créent une industrie manufacturière.

La Russie aura tôt ou tard une industrie rivale de celles de la France et de l'Angleterre, dans ses riches et belles provinces méridionnales qui ceignent la Turquie, qui baignent plusieurs mers.

Le Brésil a décrété le 1er octobre 1847, une surtaxe dans les droits d'entrée sur les marchandises étrangères, pour obtenir dans ses importations à l'étranger l'*égalité* dans les droits d'entrée, dans les charges des ports, dans les divers services de navigation.

L'article 3 de ce décret s'exprime ainsi : « Seront » exemptés des droits additionnels stipulés par les » précédents articles, les navires appartenant aux » pays qui, soit en vertu d'une convention internatio- » nale, ou de leur propre mouvement, *s'engageront à* » *placer les navires brésiliens, dans les cas spécifiés, sur* » *le même pied que leurs nationaux*, relativement aux « taxes et charges de port, aux divers services de navi- » gation *et aux tarifs des douanes*.

Par un autre décret du 8 octobre 1848, la législature du Brésil a imposé *à* 80 *p.* 0/0 *de leur valeur*, les objets confectionnés, tels que *chaussure*, *habillements*, *meubles* venant de l'étranger. C'est la France qui fournit au Brésil en grande partie tous ces articles.

C'est ainsi que les peuples qui usent de nos produits manufacturés, battent en brèche notre régime prohibitif!

Voici encore des représailles. L'assemblée nationale de 1848, ayant, à cause des circonstances, accordé des primes à l'exportation, jusqu'au 1er janvier 1849, l'association allemande a de suite frappé *de droits extraordinaires* nos objets importés dans ses États, jouissant de la prime. Ces droits ont été levés au moment où nous avons cessé d'accorder des primes à l'exportation de nos produits fabriqués.

Les yeux de nos hommes d'État et de nos législateurs se dessilleront-ils? auront-ils enfin le courage de modifier notre législation des douanes, malgré les vives réclamations et incessantes oppositions des protectionistes, et des chambres de commerce des villes manufacturières, trop vivement intéressées à la question ?

Avec ce prétendu axiôme qu'un pays doit *se suffire à lui-même*, chaque pays aurait un jour, comme on l'a dit, *une muraille de la Chine*, *dans ses douanes*.

On peut prévoir ce qu'il en résultera : le pays le plus florissant dirigera ses batteries pour battre en brèche *la muraille*, et ouvrir par là des débouchés à ses industries, notamment à l'industrie manufacturière qui pèsera d'un grand poids sur cette nation par la généralité des prohibitions.

C'est ce que le blocus continental qui avait paralysé notre commerce d'outre-mer, inspirait à l'empereur Napoléon.

Ce souverain avait à la suite de ses armées, une réserve de douaniers pour faire opérer la saisie des marchandises anglaises, et *les brûler;* par cette sévérité, Napoléon procurait des débouchés à l'industrie française.

En 1810, quand la Hollande fut, par l'abdication du roi Louis-Napoléon, réunie à l'Empire français, il y eut dans ce pays des razzias sur les marchandises anglaises, que le gouvernement patriarchal du roi avait laissé introduire.

Le système prohibitif généralisé, l'on ne fera plus la guerre pour soutenir l'honneur du pays, sa nationalité, pour venger l'atteinte portée à sa liberté, à ses lois organiques. Les guerres auront lieu, le sang des braves sera versé pour placer du *calicot*; les armées seront à l'instar des commis-voyageur!

L'Industriel. Je vais corroborer tout ce que je vous ai dit en faveur du système protecteur, en vous faisant connaître les raisons décisives que M. Gaulthier de Rumilly a données dans le discours qu'il a prononcé en 1846, au congrès agricole des sept départements du Nord.

Cet habile économiste fait ressortir notre infériorité sur la fabrication anglaise. . . . .

Il déduit savamment tous les motifs qui doivent nous forcer à maintenir le régime prohibitif.

M. Gaulthier de Rumilly ne repousse pas la réforme des tarifs ; mais comme tous les hommes sincèrement attachés au pays, il pense que le libre-échange apparaît pour demander l'abolition subite du système prohibitif et pour arriver à une liberté absolue du commerce extérieur, par la suppression des douanes.

Voici quelques passages du discours de M. Gaulthier de Rumilly qui, je l'espère, modifieront vos idées sur le régime prohibitif (1).

« Il y a un grand exemple, en Europe, d'un peuple

(1) Je n'ai pas eu la pensée de faire la critique de la partie du discours de M. Gaulthier de Rumilly, que je vais rapporter littéralement. Mais ce discours, résumant éloquemment toutes les raisons que les protectionistes ont donné jusqu'ici pour le maintien de la législation actuelle des douanes, j'ai préféré citer ce remarquable discours que de reproduire imparfaitement les idées des protectionistes.

D'ailleurs, M. Gaulthier de Rumilly, profond publiciste, reconnaît lui-même qu'il faut modifier nos tarifs, au sujet des denrées coloniales.

Cet économiste pour lequel j'ai la plus haute considération, a aussi prévu que les autres pays producteurs des matières premières élèveraient des fabriques; mais nous n'avons pas la même manière d'envisager les conséquences funestes de cette fabrication étrangère.

Je suis loin d'admettre cette maxime gouvernementale : *qu'une nation doit se suffire à elle-même.*

En économie politique comme en économie domestique, *jamais un voisin ne pourra se passer de son voisin.* Une grande puissance doit étendre sur le monde entier, ses relations commerciales, par conséquent PROVOQUER DES ÉCHANGES.

» qui s'est appauvri, et qui a vu diminuer toute sa
» puissance, en livrant à l'Angleterre la faculté de
» le vêtir, de l'habiller, de le munir de tous les pro-
» duits de ses manufactures, c'est le Portugal. Depuis
» le traité fatal de Methuen, ce pays qui avait de
» vastes possessions, une industrie active, est descendu
» du degré de prospérité où il se trouvait au degré le
» plus profond de misère, et cependant il échange
» aussi ses produits avec les produits anglais à égalité
» parfaite, mais le sol même aujourd'hui est destiné à
» acquitter sa dette, et c'est l'Angleterre qui possède
» maintenant une partie de ses riches vignobles.

» L'histoire économique du peuple anglais, est une
» leçon pour tous les peuples. Comment la supériorité
» anglaise dans une foule d'industries s'est-elle éta-
» blie? Est-ce par la liberté la plus sage, non! C'est
» par la prohibition, par la protection la plus exces-
» sive que toutes les industries se sont établies!

» Voyez d'abord sa marine; c'est sous Charles Ier,
» sous Cromwel, Charles II, que les actes du parle-
» ment établissent l'exclusion du pavillon étranger, et
» surtout du *pavillon hollandais qui alors couvrait
» toutes les mers*; et ces actes d'exclusion, de prohi-
» bitions, ce système jaloux de domination universelle
» subsiste dans toute leur étendue. Elle ne les chan-
» gera pas. Mais ce n'est pas tout, parcourez le monde
» entier. Voyez de l'Europe à l'Asie, de l'Afrique à
» l'Amérique, dans l'Océanie, toutes ces stations,

» toutes ces colonies destinées à recevoir les bâtiments » anglais, et ses quatre-vingt millions de sujets dans » l'Inde.

» Ce n'est pas assez, il faut la Nouvelle-Zélande, la » Chine. La Chine elle-même doit consommer son » opium.

» La paix, la guerre ne sont faites par les hommes » d'État de la Grande-Bretagne, que pour étendre les » débouchés de ses produits. Où sont nos colonies, nos » mille vaisseaux pour lutter avec égalité contre des » avantages acquis par le système protecteur de sa » marine marchande?

» Passez en revue rapidement les diverses protec- » tions que successivement elle a accordées à ses di- » verses industries. Elles étaient plus exagérées que » les protections accordées aux diverses industries de » la France; et à une époque peu éloignée encore, » avant *la révision de son tarif*, *en* **1842**, les droits » sur les toiles de lin et de chanvre étaient plus con- » sidérables qu'en France.

» Veut-on parler de son agriculture? Mais avant » 1846, il existait des droits *dix* fois plus forts que » les droits français, sur les produits de l'agriculture, » et notamment sur les grains étrangers.

» Qu'on apprécie donc par les exemples de l'his- » toire économique de l'Angleterre, comment ce » peuple sait faire pousser ses diverses industries *de* » *l'enfance à l'état de virilité*; et voyez avec quelle

» habileté l'Angleterre a su changer de moyens,
» changer de but!

» Pour l'industrie de la fabrication des machines
» destinées aux manufactures, l'Angleterre défend
» l'exportation des machines, pour empêcher les
» autres pays de profiter des avantages de sa méca-
» nique perfectionnée, et la défend par des peines
» qui vont *jusqu'à la peine de mort*; mais le jour où
» l'industrie française sait fabriquer ces mêmes ma-
» chines, elle a permis l'exportation, pour empêcher
» l'industrie française de la remplacer sur le con-
» tinent.

» Si nous citons ces exemples pris dans l'histoire
» économique de l'Angleterre, c'est que la société du
» libre-échange nous invite à imiter l'Angleterre
» sans se rendre compte du passé.

» Ajoutons que par suite de la supériorité acquise
» par l'effet du système protecteur en Angleterre,
» d'*immenses capitaux* sont employés dans les manu-
» factures, et que le jour où la France serait sans dé-
» fense contre les avantages acquis par ces immenses
» capitaux, elle verrait baisser tous les prix des objets
» manufacturés des industries rivales des deux pays;
» mais que l'avantage serait incontestablement acquis
» à la puissance des capitaux; et par l'effet de ses ré-
» formes de 1846, la Grande-Bretagne verrait ses
» manufactures profiter de l'abaissement des salaires
» des ouvriers, pour créer une concurrence plus dan-
» gereuse aux autres pays.

» Avons-nous en France cet immense levier, cette
» richesse accumulée et concentrée dans certaines
» mains? Nos fortunes ne sont-elles pas aussi divisées
» que le sol? et malheureusement n'existe-t-il pas
» encore chez nous bien plutôt l'esprit de spéculation
» que d'association.

» Aussi sentant la force et la puissance de son
» pays, un grand ministre de l'Angleterre sir Robert
» Peel, ne proclamait-il pas de nouveau cette vaste
» ambition de la Grande-Bretagne, d'être la pour-
» voyeuse de tous les peuples, sur tous les points du
» globe?

» C'est donc méconnaître les faits, le passé, les
» expériences déjà faites, que *de proposer à la France*
» *de renoncer au système protecteur.*

» Que si les défenseurs de la société du libre-
» échange, voyant l'impression produite sur le pays,
» par les principes qu'ils ont professés, veulent se faire
» plus petit, et *ne parlent plus que d'examiner nos*
» *tarifs, et de réformer ce que l'intérêt du pays*
» permet de réformer, s'ils nous parlent d'une enquête
» nouvelle sur la situation industrielle de la France,
» nous leur répondrons, qu'il n'était pas nécessaire de
» commencer par proclamer la liberté absolue pour
» l'avenir, et le *libre-échange* pour arriver à une
» conclusion qui n'a jamais été contestée par un
» homme éclairé.

» Mais on dit que la liberté commerciale absolue,
» que le *libre-échange* est dans l'intérêt de l'ouvrier,

» qu'il faut faire cesser le monopole des chefs des
» manufactures.

» Le simple bon sens des ouvriers a déjà répondu
» à peu près en ces termes : toutes les fois que les
» marchandises étrangères, et particulièrement les
» produits anglais sont entrés avec abondance et sans
» réserves, nos ateliers se sont fermés.

» Quand nos ateliers se ferment nous n'avons pas
» de salaires, et sans salaires nous ne pouvons rien
» acheter, même à bon marché. Quand les fabriques
» françaises ont de l'activité, l'ouvrier est bien payé ;
» *il est pourvu de tout.*

» Quand il y a trop de marchandises à vendre leur
» prix s'abaisse à la vérité; mais comme le salaire
» diminue, quand la marchandise perd de sa valeur,
» il en résulte qu'au lieu d'être plus en état d'acheter,
» nous ne pouvons plus rien nous procurer.

» C'est donc quand la marchandise est à vil prix
» que l'ouvrier est le plus malheureux. Le vil prix
» des produits ruine à la fois le fabricant et l'ouvrier.

» C'est là que le simple bon sens de l'ouvrier a ré-
» pondu à la philanthropie de ceux qui semblent igno-
» rer tous les faits les plus simples de la production.

» Autant vaudrait établir la théorie de la paix
» universelle de l'abbé de Saint-Pierre, que d'établir
» la théorie du libre-échange; mais alors tous les
» États ne faisant plus qu'une vaste association, la
» France n'étant plus qu'un département européen,
» nous n'aurons plus besoin d'armée et de marine.

» Il y aurait un triste réveil à pareilles rêveries ;
» et dans le moment où l'on se plaint partout des
» effets que la concurrence intérieure produit, et que
» l'on parle de monopole.

» Au bout de l'Europe, voyez *la Russie établissant*
» *des fabriques, et cherchant aussi à lutter d'indus-*
» *trie; verser ses produits en Chine, où l'Angleterre*
» *retrouve les fabrications dirigées par les contre-*
» *maîtres français expatriés.*

» Plus près de nous, l'Allemagne par le zollwerin,
» par l'association de ses divers États, reste sourde à
» toutes les séduisantes paroles des apôtres britani-
» ques, et conserve avec sa sagesse ordinaire, *le mar-*
» *ché germanique aux produits fabriqués par les*
» *mains allemandes.*

» A l'autre bout du monde, en Amérique, ils veu-
» lent entrer dans la carrière industrielle, et établis-
» sent un système protecteur déjà tout puissant pour
» leurs fabriques.

» *Dans ce siècle de produits mécaniques, et d'appli-*
» *cation à la vapeur, partout l'industrie se fonde*
» *plus facilement que dans tous les siècles précédents,*
» *avec l'aide des capitaux, et des contre-maîtres en-*
» *levés aux pays plus avancés.*

» Et c'est dans le moment où la concurrence
» étrangère se prépare partout, par le penchant irré-
» sistible à toutes les nations, qu'on voudrait désarmer
» entièrement le pays! »

M. Gaulthier de Rumilly nous présente, il est vrai,

des pays en voie de fabrications, qui s'empressent d'adopter le système protecteur pour leurs nouvelles industries.

J'avoue que si le régime prohibitif était rigoureux, dans les pays de production des matières premières, jusqu'au point de défendre l'exportation du coton, nous éprouverions une crise dans l'industrie des cotonnades, qui amènerait l'anéantissement de cette industrie : patrons et ouvriers seraient naufragés.

L'Algérie pourrait cependant devenir une ressource pour la France, en faisant de ce vaste pays une belle colonie française où l'on cultiverait le coton. N'est-il pas cultivé à Naples et en Égypte? il faut même se hâter de coloniser l'Algérie.

L'Économiste. Vous m'avez mis dans l'obligation de répondre à un discours qui doit avoir une haute influence dans l'opinion du pays, sur la question du libre-échange ; les protectionistes s'en sont même emparé avec bonheur.

J'ai d'avance combattu quelques-uns des motifs donnés par M. Gaulthier.

Cet économiste cite le Portugal comme peuple qui s'est appauvri, et qui a vu diminuer sa puissance, en livrant à l'Angleterre *la faculté de le vêtir, de l'habiller, de le munir de tous les produits de ses manufactures.*

Aurait-on oublié que le Portugal est depuis longtemps le vassal de l'Angleterre? que ce pays qui s'était créé une industrie manufacturière, et avait de riches possessions d'outre-mer, a eu et continue d'avoir des commotions politiques qui l'ont ruiné, qui l'ont forcé, comme pays maritime et voisin de la Grande-Bretagne, de se mettre sous la protection de cette puissance?

Le Portugal, nation très-secondaire, que les guerres de l'Empire ont épuisé, que la guerre civile a démoralisé sous le point de vue politique; sans gouvernement fixe, sans crédit, sans force publique, dans la situation d'une colonie asservie par une grande puissance, peut-il être donné comme *un grand exemple*, à une nation telle que la France!

Si l'Angleterre possède une grande partie des vignobles du Portugal, n'est-ce pas l'inévitable résultat des dissensions civiles du pays? Les propriétaires indigènes ont été pressurés et ruinés. Ils ont éprouvé le sort de tous les détenteurs du sol dans un pays saccagé par la guerre. ils ont succombé sous le poids des exigences des vainqueurs, après avoir été spoliés, pillés par les vaincus.

Si le Portugal était véritablement une colonie anglaise depuis le traité de Methuen, ne serait-il pas plus prospère? La métropole chercherait à rendre sa colonie plus riche, plus productive pour y avoir des débouchés encore plus considérables.

Est-il bien certain, que les possessions d'outre-mer du Portugal et de l'Espagne eussent, dans le temps, enrichi les deux pays?

L'exploitation à grands frais des mines d'or et d'argent, les guerres des conquêtes contre les naturels du pays, n'ont-elles pas appauvri plutôt qu'enrichi la Péninsule ; les deux royaumes de Portugal et d'Espagne ?

Les deux peuples ont éprouvé de l'énivrement par la découverte des métaux précieux. En tirant de l'or et de l'argent de leurs possessions d'Amérique, ils s'imaginèrent qu'ils deviendraient les pays les plus prospères et les plus heureux du monde. Ils n'ont rêvé que *lingots d'or* ; ils ont abandonné, négligé la culture de leurs propres sols, tous les éléments de richesses qu'ils renferment : de là est venu cet état de ruine, de misère où se trouve principalement le Portugal.

Le Portugal n'est donc pas un pays à inspirer de la sympathie pour les intérêts industriels, et à donner des regrets à une fabrication qui ne serait pas fondée sur des prohibitions ; et à gémir sur son sort, parce qu'il n'aurait pas un régime de douanes pareil à celui de la France.

Tout pays qui, à la moindre commotion politique, a besoin d'un appui, qui ne peut être indépendant par lui-même, peut-il être comparé à la France, à cette puissance du premier ordre?

Peut-on sérieusement dire aux Français : si vous introduisez les objets de fabrication étrangère, *particulièrement les produits anglais*, craignez, redoutez le sort du Portugal !

Mais prenons un autre point de comparaison plus à propos. Voyons si un État puissant qui n'a pas encore trois quarts de siècle d'existence comme nation, n'a pu s'élever à une prospérité étonnante par son commerce extérieur ; a pu créer une marine militaire et marchande presque égale à celle de la Grande-Bretagne, sans avoir recours au système prohibitif. Je veux parler des États-Unis. N'est-ce pas une nation déjà forte, indépendante? Ce pays n'a-t-il pas une population dans l'aisance, un commerce florissant, une agriculture avancée ?

L'Union ne fourni-t-elle pas à la vieille Europe, la majeure partie des grains et farines qui lui sont nécessaires dans les crises des subsistances? Cette nation a déjà une industrie manufacturière dans ses centres commerciaux. Mais en se constituant nation, en brisant les fers anglais, les États-Unis ont admis en principe le *libre-échange*. Ancienne colonie anglaise, ont-ils imité leur ancienne métropole, en créant, comme elle, le système prohibitif?

Vainement dira-t-on, que les États-Unis ont une tendance à appliquer ce régime! qu'ils sont en voie de devenir comme producteurs de matières premières de toutes espèces, un peuple manufacturier exclusif; que ce pays veut aussi se *suffire à lui-même*, et aspire à être un jour le grand pourvoyeur du Nouveau Monde, de tous les objets manufacturés! Cette puissance ne pourrait adopter une législation de douanes qui s'étayerait sur les prohibitions des produits étrangers, sans toucher à ses revenus publics provenant, presque en totalité, des droits d'importation et d'exportation, et sans nuire gravement à sa navigation maritime, base de sa grandeur et de sa prospérité.

Tous les pays manufacturés ont constamment trouvé des débouchés considérables et avantageux, aux États-Unis d'Amérique ; constamment ils ont vu flotter, dans leurs ports, tous les pavillons, et particulièrement le pavillon français.

En 1846, ils ont modifié leurs tarifs de douanes; ils ont eu besoin d'un surcroît de revenus pour faire face aux frais de la guerre contre le Mexique, le café, le thé qui entrent pour beaucoup dans l'alimentation du pays, ont toujours joui de l'*exemption du droit d'entrée*; et le principe de la modération dans les droits d'importation et d'exportation a été conservé. Il y a même eu des modifications dans un sens favorable à une liberté plus absolue dans les relations extérieures.

Cette modification des droits d'importation a valu à cette puissance une augmentation dans ses recettes publiques DE HUIT MILLIONS DE DOLLARS; *ou quarante-deux millions de francs*, dans l'exercice de 1847 (1).

La France est de tous les pays, celui qui importe aux États-Unis, la plus grande quantité des objets manufacturés.

Ce pays qui nous fournit du coton n'a jamais eu la pensée de prohiber nos produits manufacturés.

(1) Voir à ce sujet, le Message du président des États-Unis, qui a paru en décembre 1847.

La marine militaire et marchande de l'Union tient presque le premier rang parmi les puissances maritimes.

Si un jour par un traité d'alliance, la France se coalisait avec cette puissance contre la Grande-Bretagne, celle-ci pourrait-elle y résister? Elle serait forcée de céder une partie de cette suprématie des mers qu'elle s'arroge. Ce trident de Neptune dont elle s'est armée pendant nos troubles civils et nos conquêtes, serait brisé dans ses mains. Ne tremblerait-elle pas pour toutes ses possessions?

Avec la navigation à la vapeur, il n'y a plus de distance, même pour le Nouveau Monde!

Les États-Unis devenus rapidement une nation riche, puissante, sans le régime prohibitif, sans avoir suivi l'exemple de l'Angleterre et de la France, ont prouvé qu'un peuple peut de l'enfance passer à l'âge viril.

Ce peuple sera bientôt colossal par l'adjonction des provinces que le Gouvernement du Mexique lui a cédées. Il va trouver dans la Californie des matières aurifères qui seront pour lui des moyens puissants d'échanges avec les autres peuples. Les États-Unis n'auront pas l'idée insensée de *prohiber l'exportation de l'or*.

L'Industriel. M. Gaulthier de Rumilly a cependant dit : que la suprématie anglaise d'une foule d'industries ne s'est point établie par la liberté du commerce sagement combinée avec des droits de douanes, mais par des prohibitions et la protection la plus outrée.

L'Économiste. Je vous l'ai dit, l'Angleterre avait été la créatrice du système prohibitif; mais ce régime n'a été réellement fondé par cette puissance, qu'au commencement de nos troubles civils : son acte de navigation seul date de Cromwel.

Le traité de commerce entre la France et l'Angleterre indique assez, qu'à cette époque l'Angleterre n'avait pas encore eu recours aux prohibitions, puisque les produits français et anglais étaient réciproquement importés. Il n'y avait encore rien d'exceptionnel dans les importations et exportations des deux pays. Sous l'Assemblée législative, en 1792, on avait, pendant l'ambassade de M. de Choiseul, au nom de la France, demandé le renouvellement du traité de commerce de 1786.

L'Angleterre est restée en paix avec la France, expectative de nos débats politiques, jusqu'en 1793. Ce fut la Convention nationale qui, attribuant des machinations à l'Angleterre contre la France, déclara la guerre à cette puissance, ainsi qu'à la Hollande.

On voit donc le système prohibitif surgir en Angleterre avec l'époque la plus convulsive de la révolution française; mais comme avant-garde du blocus de tous nos ports.

La même législation des douanes fut adoptée par la France, puisque, par son décret de l'an II, la Convention repoussa du territoire francais les marchandises anglaises, et infligea *la peine de mort* à quiconque en introduirait.

L'Angleterre pouvait-elle, avant 1793, avant que la France eut lancé contre elle sa déclaration de guerre, redouter l'importation sur son sol de nos objets manufacturés? Ne fabriquait-elle pas avec plus de perfection et à meilleur marché que nous?

Napoléon, créateur du blocus continental, par les décrets de Milan et de Berlin, rendus en répresailles du blocus rigoureux de nos ports, ne négligeait rien pour saper la fabrication anglaise.

L'Empereur faisait brûler en grande pompe, sur les places publiques, les marchandises anglaises introduites par contrebande, ou versées sur nos côtes à la suite des descentes que l'Anglais osait quelquefois faire, ou le résultat des saisies faites dans nos conquêtes.

On saisissait encore, on confisquait les navires neutres soupçonnés d'avoir pris leurs cargaisons de coton, sucre, café, dans les colonies ou possessions anglaises, ou dans les pays d'entrepôts, alliés des Anglais.

On se rappelle avec douleur les saisies, en 1810, 1811, 1812, des navires ottomans dans le port de Marseille. Le décret du 5 août 1810 qui imposait le coton d'un droit d'entrée très-élevé à 400, 500, 600 francs les cent kilog., suivant la provenance, ne fut dirigé que contre le commerce anglais.

La création des tribunaux et des cours prévotales spéciales aux douanes, indiquent assez, avec quelle vigueur, l'empereur Napoléon tenait à exécuter le blocus continental.

Si depuis la mort de Pitt, les hommes d'État anglais continuaient son système qui n'était au fond qu'un vandalisme maritime, la France avait Napoléon pour combattre ce régime odieux qui sera jugé sévèrement dans l'histoire d'Angleterre. L'histoire donnera raison à Fox, à ce chef de l'opposition anglaise de l'époque, qui stigmatisait par des flots d'éloquence son gouvernement.

Il y a donc eu parité de prohibitions, de protections pour les industries manufacturières de l'Empire français et de la Grande-Bretagne : régorisme de part et d'autre !

Mais la France dans ses moments de gloire, quand le continent européen était soumis à l'empereur Napoléon, avait d'immenses débouchés pour les objets sortant des fabriques de l'Empire.

En 1818, M. Chaptal, ancien ministre de l'intérieur, sous le Consulat, faisait connaître par son ouvrage de l'*industrie française*, à quel point les industries de l'Empire français étaient parvenues en 1814, à la paix générale ; quelle masse de richesses la France avait acquise depuis 1789, depuis que l'industrie n'était plus *règlementée*!

Le système prohibitif quoiqu'il encourageât *à contre sens*, l'industrie française, et celle de la Grande-Bretagne, a dû porter les industries en tous genres, des deux pays, au même point de perfection, puisque les deux pays ont les mêmes machines, les mêmes moteurs en vapeurs, des contre-maîtres, des ouvriers habiles, et des patrons très-capables de diriger; la plupart ayant été *simples ouvriers.*

A la paix générale, la France eut bientôt des mécaniciens qui égalèrent ceux de l'Angleterre. Aujourd'hui la France et la Grande-Bretagne rivalisent par émulation, en œuvres mécaniques. Ce qui est découvert dans un des deux pays, est presque aussitôt imité avec perfection dans l'autre. La France a même souvent la palme. Des machines, des outillages, sortant des ateliers de nos mécaniciens, s'importent en assez grandes quantités en Angleterre. Il est vrai que dans les ateliers français, on y rencontre de bons ouvriers anglais.

La France ce torrent de génie, qui grossit par le temps; qui possède dans sa Capitale les hommes les plus savants, les plus instruits du monde, et réunit comme correspondants de ses académies, tous les savants étrangers, Capitale où toutes les lumières et les sciences des pays civilisés viennent converger, la France pourrait-elle soutenir hautement que sa fabrication est inférieure à celle de ses voisins d'outre-Manche !

L'Industriel. Des enquêtes faites dans les deux pays, ou une statistique précise et exacte des industries française et anglaise, constateraient avec certitude l'infériorité de l'industrie manufacturière de la France.

L'Économiste. Une statistique irréprochable est difficile à faire; c'est la plupart du temps un cahos pour les hommes spéciaux ; c'est une arme à deux tranchants.

Les parties contraires en vues peuvent y puiser des notions favorables, suivant la face que l'on donne à la question.

Comment faire des enquêtes? les experts dans une enquête pour l'industrie manufacturière seraient pris parmi les hommes spéciaux. Où peut-on prendre les hommes à connaissances spéciales, si ce n'est parmi les fabricants? Ne seraient-ils pas juges et parties?

Les peuples français et anglais feraient eux-mêmes les enquêtes dans les deux pays.

Mettez en vente dans un seul magasin, ou dans un vaste bazar les produis fabriqués en France et en Angleterre, les consommateurs auront bientôt décidé quels sont les objets qui doivent être préférés. Les enquêtes ne sont-elles pas journellement faites par les voyageurs français et anglais (1) ?

L'Anglais peut-il ne pas admirer et reconnaître la perfection à laquelle la fabrication française est parvenue, en parcourant les bazars de Paris, ses somptueuses galeries, ses vastes et belles rues ornées de riches magasins? en visitant les principales villes de la France flanquées de beaux magasins garnis de nos produits manufacturés créés par le génie du pays? en visitant

(1) C'est mal à propos que les deux gouvernements n'ont pas voulu admettre les produits manufacturés étrangers, dans leurs expositions de 1849. Il est vrai que c'est sur les observations des chambres des manufactures que le gouvernement français a pris la décision.

encore nos grandioses manufactures, nos superbes ateliers, et les gouffres enflammés que l'on appelle hauts fourneaux ?

De son côté, le Français n'est-il pas à même de juger, en allant en Angleterre, de la différence qui pourrait encore exister entre les produits de son pays et ceux des manufactures anglaises, en parcourant Londres, ses bazars, ses entrepôts, ses drcks? En visitant ses manufactures, celles des villes de Manchester, Liverpool et autres?

Redouter la concurrence anglaise au point où la fabrication française est arrivée, n'est-ce pas outrager la nation?

A chaque exposition publique des produits français, la France ne dévoile-t-elle pas au monde entier, son génie en fabrication, en invention, en perfection dans les arts?

Ne nous disons pas dans *l'enfance*, en fait d'industrie, lorsque nous sommes dans *l'âge mûr* ; lorsque nous pouvons marcher sans l'appui du système prohibitif!

Si donc l'Angleterre se relâche de son régime prohibitif qui n'est autre qu'un armement permanent contre le commerce de tous les pays, pourquoi la France ne s'empresserait-elle pas de l'imiter? Ne suivrait-elle pas la voie que son intérêt lui commande?

Travaillons, de concert avec la Grande-Bretagne, à la civilisation de l'univers! Explorons ensemble les pays encore sauvages, ceux demi-civilisés, et donnons à ces peuplades, les idées, les institutions de l'homme social!

Que les deux peuples cessent d'être rivaux! plus de morgue entre eux, ni de luttes à mort pour les intérêts industriels et commerciaux!

Désirer une paix industrielle et commerciale entre deux puissants voisins qui, par des routes différentes, peuvent arriver au même point de bien-être, ce n'est pas *rêver, comme l'abbé de Saint-Pierre, une paix universelle*! Il y aurait cependant PAIX UNIVERSELLE, si tous les pays avaient des tarifs de douanes qui reposassent sur des relations libérales où le système prohibitif serait exclu.

L'INDUSTRIEL. Ne vous dit-on pas, que d'immenses capitaux sont employés dans les manufactures anglaises? Que le jour où la France serait sans défense contre l'avantage acquis par ces immenses capitaux, elle verrait baisser tous les prix des objets manufacturés des industries rivales des deux pays, et que l'avantage resterait à la puissance des capitaux.

L'ÉCONOMISTE. D'immenses capitaux sont aussi engagés dans l'industrie manufacturière française et dans les hauts fournaux; mais la France, possédant une plus grande quantité de numéraire que l'Angleterre, qu'aucun pays du monde, quelle impulsion ne donnerait-elle pas à toutes ses industries, avec ses trois milliards de numéraire, avec des banques nationales autant commerciales que foncières? Les banques raffermiraient le crédit, jusqu'ici sur un sol mouvant; la circulation du numéraire serait plus active; les billets de banques *banknotes*, émis avec modération, garantis par un fond de réserve ou *encaisse puissant*, destiné à faire face à des paiements forcés dans une crise imprévue, l'imprévu apparaît quelquefois dans les choses les mieux combinées, lanceraient toutes les industries dans un monde nouveau de prospérité. Leur rotation serait mieux raisonnée; elle neutraliserait bien certainement cette commotion si redoutée que pourrait produire l'importation des marchandises anglaises.

La bourse de Paris est la première du monde. Elle occupe dans le monde commercial la place que la bourse d'Amsterdam avait sous l'ancien régime.

Les deux bourses de Paris et de Londres sont sœurs. Ne sont-elles pas chaque jour encombrées des premiers agioteurs des deux hémisphères ?

Les bourses commerciales sont une nécessité pour régler les grands intérêts commerciaux de tous les peuples. C'est la boussole qui guide dans leur cinglage, les industries de tous les pays.

Ces réunions des principaux commerçants sont indispensables; mais elles sont pernicieuses pour le pays et pour le commerce proprement dit, quand *l'agiotage* est devenu son principal élément, presque son seul moteur, réglant les destinées d'un pays; le tenant ainsi, par *la hausse ou la baisse* des fonds publics, ou *des actions* de toute espèce, constamment en émoi, enrayant souvent dans sa marche le char industriel !

Dans les moments de crise, celui qui a des fonds

publics ou des actions cotées à la bourse, mène une vie d'angoises.

Nos pères avaient aussi de ces réunions dans les centres commerciaux; mais ils ignoraient le jeu des *fonds publics et des actions*. On ne voyait pas dans leurs bourses, *l'exécution du coulissier*.

L'Industriel. M. Gaulthier fait remarquer que le Français ne possède que l'esprit de spéculation, que l'esprit d'association manque en France.

L'Économiste. Cet éloignement chez le Français pour l'association, ne provient-il pas du manque d'instruction spéciale, et d'une instruction superficielle en économie sociale et politique ?

Le Français n'a pas encore acquis, malgré son génie naturel pour les sciences, les arts, cet esprit positif d'association qu'il aura infailliblement, quand sa fougue industrielle qui a le masque de l'industrialisme, se sera calmée; qu'il y aura dans les entreprises industrielles et commerciales les pulsations d'un état normal. Quand la soif de l'or, le désir de s'enrichir en peu d'années ne sera plus ni son mobile ni son unique pensée!

Que faut-il pour cela? encore quelques années. Attendre la virilité d'une génération plus instruite, plus morale, sous le point de vue industriel.

En attendant, faut-il que nous restions dans les langes du régime prohibitif de nos douanes, et que nos industries continuent de marcher avec cette lisière ?

L'Industriel. M. Gaulthier fait tenir aux ouvriers

français un langage qui est spécieux, si non exactement vrai.

Il leur fait dire : « Toutes les fois que les marchan-
» dises étrangères et particulièrement les produits an-
» glais sont entrés *avec abondance*, *sans réserves*, *nos*
» *ateliers se sont fermés*; *quand nos ateliers se ferment*,
» *nous n'avons plus de salaires*, ET SANS SALAIRES,
» NOUS NE POUVONS RIEN ACHETER, MÊME A BON
» MARCHÉ. »

L'ÉCONOMISTE. Pourrait-on citer l'époque où les marchandises étrangères sont entrées *en abondance et sans réserves*, si ce n'est par contrebande, ou en 1814 et en 1815, à la suite des armées étrangères? Ce sont des cas de force majeure que l'on ne peut invoquer.

La loi du mois d'octobre 1814, mit un terme à l'infiltration des produits anglais, occasionnée par l'invasion.

Par cette loi qui est même encore en vigueur, ne saisit-on pas dans les entrepôts, dans les magasins même des marchands, les tissus étrangers prohibés ? Pour réprimer la contrebande, il y a toujours eu des lois très-sévères, et une surveillance très-active et très-patriotique de la part de l'administration des douanes.

En 1814 ni en 1815, le marché français n'eut pas à souffrir de l'occupation d'une partie du sol français par les armées étrangères.

Les Anglais riches affluèrent. Ils étaient avides de parcourir le beau pays de France, et de jouir du doux et délicieux climat de sa zône méridionale. Ils firent des dépenses considérables : nos industriels leur firent payer assez chèrement leurs cartes de visite.

L'Industriel. Si les ouvriers manquent d'ouvrage pourront-ils vivre ?

L'Économiste. Il ne peut y avoir doute à ce sujet. Si les ouvriers sont sans salaires *ils ne pourront faire des achats même à bon marché ;* leur existence est compromise, l'État est alors obligé de les secourir.

Mais si les débouchés extérieurs manquent tôt ou tard, par la fondation d'une fabrication dans tous les pays étrangers producteurs des matières premières, nos ateliers se fermeront aussi, et les ouvriers ne se trouveront ils pas sans travail (1) ?

Une crise commerciale aux États-Unis fit fermer, en 1837, presque tous les ateliers de Lyon. Vingt mille ouvriers furent jetés sur le pavé.

La question est celle-ci : les ouvriers français seront-ils privés de travail, ou seront-ils sans salaires,

(1) Il se passe un fait en Égypte qui est digne de remarque. Sous l'administration actuelle d'Abbas pacha, les fabriques que Mehemet-Ali, vice-roi, avait établi à grands frais, s'écroulent. Abbas pacha se refuse de les subventionner. Les produits manufacturés français et anglais importés en assez grande abondance en Égypte, sont la cause du peu de succès de ces fabriques.

Abbas pacha avait un moyen pour que les manufactures égyptiennes se maintinsent et devinsent florissantes, c'était d'instituer aussi le régime prohibitif dans la législation des douanes du pays. Mais cet administrateur éclairé préfère échanger ses productions agricoles avec les pays manufacturiers. Faut-il que nous, peuple très-avancé en civilisation, recevions une leçon d'économie commerciale, d'un pacha que nous qualifions naguère DE BARBARE !

si les marchandises étrangères prohibées sont introduites en payant des droits d'entrée modérés?

La France a-t-elle une classe ouvrière aussi nombreuse que celle qui existe en Angleterre? Cette puissance abandonnant enfin le système prohibitif par la modification qu'elle a commencé de faire dans sa législation des douanes, en 1823, en 1829, en 1842, en 1846, ne doit-elle pas éprouver les mêmes craintes que nous, sur l'effet que pourrait produire sur sa classe ouvrière, l'abolition du régime protecteur?

Sur 36 millions d'habitants, la France compte vingt à vingt-cinq millions d'agriculteurs ou de travailleurs agricoles.

L'agriculture ne doit-elle pas occuper les pensées des économistes français et des hommes d'État? n'est-elle pas la principale industrie du pays? celle qui emploit le plus de bras, celle qui sera toujours la source réelle de ses richesses; celle qui, encouragée par le bas prix des capitaux, consolidera les institutions organiques de la nation, en faisant naître dans le cœur de chaque citoyen l'amour du sol!

Un peuple trop industriel est nomade et cupide. Avec l'amour du sol, les mœurs se purifieront, et le *foyer de famille*, que nos tourmentes brisent, se reconstituera.

L'Industriel. Si un jour tous les pays ont des fabriques pour fournir aux vêtements de leurs habitants, la France devra restreindre sa fabrication, et tourner ses vues vers l'industrie agricole; néanmoins son industrie manufacturière se perfectionnant de plus en plus ne peut être laissée sans protection; qu'elle ait au moins celle des *droits très-élevés*!

L'ÉCONOMISTE. La destruction de notre fabrication est loin de ma pensée. Une industrie manufacturière plus florissante et même plus étendue se constituera fortement par une liberté qui sera combinée avec notre législation des douanes. Alors toutes les industries auront une oscillation d'ordre et d'intelligence.

Avec une instruction spéciale qui leur donnera des idées positives, les industriels connaîtront les besoins de tous les peuples, on ne fera plus des expéditions inconsidérées pour des parages inconnus, ou peu connus.

Les fabricants, leurs commettants, les armateurs ayant des connaissances plus exactes sur le commerce extérieur, ouvriront des débouchés soutenus par notre marine militaire, et assureront des retours avantageux au pays (1)

(1) Écoutons M. Audiganne, employé supérieur du ministère de l'agriculture et du commerce *sur les expéditions lointaines*, dans son ouvrage récemment publié, *De l'Industrie française* : « Les » affaires se traitent généralement à crédit par l'intermédiaire des » pacotilleurs dont la solvabilité douteuse, subissant la loi des fa- » bricants, n'obtient guère que des marchandises de rebut. Jamais » notre industrie ne prend un intérêt direct *dans les opérations* » *lointaines*. Combien ce système où tout roule à peu près sur le » frêle pivot de la paccotille, diffère de la constitution du commerce » extérieur de la Grande-Bretagne! Toujours prêts à s'intéresser » dans les spéculations commerciales, les manufacturiers anglais

Ainsi, par l'introduction des marchandises anglaises et étrangères, l'industrie manufacturière de la France ne sera pas atteinte d'un coup mortel comme le proclament avec tant de hardiesse, les partisans du régime prohibitif. Les ouvriers ne seront pas réduits à aller mendier leur pain par la fermeture des ateliers : les salaires ne manqueront jamais. Ne vous ai-je pas cité des fabriques qui sont restées debout malgré l'abolition des prohibitions sur les similaires étrangers de leurs produits? et les fabriques de sucres de betteraves comme ayant dérouté les prévisions des protectionistes?

L'Industriel. J'admets que les ateliers ne soient pas fermés, par suite de l'importation des marchandises anglaises. Mais incontestablement les salaires

» sont à la fois fabricants et exportateurs. Ils sentent dès lors
» combien il est important pour eux de s'enquérir du goût des
» différents peuples, et ils approprient leurs produits à des destina-
» tions qu'ils connaissent. Les armateurs de leur côté ne sont pas
» seulement, comme chez nous, des voituriers qui transportent une
» caisse de marchandises à un prix convenu; ils ont encore un
» large intérêt au succès de l'entreprise. L'armement et la fabri-
» que se prêtent ainsi un appui mutuel, et de cette alliance dérive
» une garantie pour la loyauté des expéditions. Entièrement privés
» de ces énergiques ressorts, est-il étonnant que le commerce fran-
» çais ait vu sa SPHÈRE SE RESTREINDRE CHAQUE JOUR DE PLUS EN
» PLUS? IL Y A DES PARAGES OU IL NE PÉNÈTRE PLUS SOUS LE PAVILLON
» NATIONAL. Combien avons-nous de navires par an, dans les riviè-
» de la Chine (M. Audiganne pouvait ajouter, et du Japon)?
» Combien voyons-nous de nos produits DANS CE MONDE IMMENSE
» DE L'EXTRÊME ORIENT OU S'OUVRENT DE SI VASTES DÉBOUCHÉS?
» QUAND NOUS Y PARAISSONS, C'EST POUR Y ÉTABLIR NOTRE IM-
» PUISSANCE! »

diminueront, et la classe ouvrière éprouvera non-seulement des privations; mais elle manquera du nécessaire.

L'Économiste. Non! la concurrence anglaise ne fera pas baisser les salaires.

C'est le renchérissement des denrées alimentaires qui fait diminuer les salaires. L'ouvrier est alors pressé par le besoin, et le fabricant qui est lui-même atteint par une mévente, surtout dans une disette, est forcé de diminuer le taux des salaires, ou de renvoyer une partie des ouvriers; c'est ce que l'on a vu dans l'hiver désastreux de 1847.

On ne peut même pas supposer la diminution des salaires par l'introduction des marchandises étrangères.

Le taux des salaires actuels étant maintenu, les ouvriers achèteront les objets fabriqués à meilleur marché; ils pourront faire des économies. Ceux qui auront amassé un capital pourront devenir patrons, ou faire entre eux une association, si leur industrie le permet.

Il n'y aura plus de prolétaires, s'il faut entendre par *prolétaire* l'ouvrier qui ne possède rien matériellement; car peut-on qualifier prolétaire l'ouvrier qui est doué d'une intelligence remarquable? n'a-t-il pas le capital de l'intelligence? tout individu qui a un métier quelconque, n'est pas un prolétaire. Son métier comme capital, ou instrument de travail, est une *propriété*.

Le prolétaire, c'est proprement le mendiant.

Pour créer ces capitaux qui forment en France une masse de richesses d'une valeur incalculable, il a fallu y employer le numéraire comme agent intermédiaire, le crédit, le travail intellectuel et le travail manuel. C'est donc tout ce qui a du génie, de l'intelligence, de la force, qui par la fiction de l'association, a composé les richesses du pays. C'est par la réunion des forces vitales de la France, que la nation est parvenue au point de grandeur et de puissance où elle est; qu'elle est sortie de l'état de barbarie, ou de sauvagerie, puis de l'*état féodal*; qu'elle a acquis d'une période à l'autre, un mieux qui s'accroîtra par des industries fonctionnant sous des lois sages, libérales, par l'ordre public : industries qui répandront progressivement l'aisance dans chaque foyer domestique.

Ces principes posés, on voit que pour former la richesse d'un pays, pour exploiter ses terres, pour fonder des manufactures, des usines, les faire mouvoir, pour arracher les métaux des entrailles de la terre, il faut l'association *du capital*, comme numéraire, effets de commerce, billets de banques, avec l'intelligence, *ou la science*, et le travail manuel.

L'INDUSTRIEL. Des publicistes nous présentent pourtant *l'ouvrier comme le seul capital*. Suivant ces écrivains, ce serait au travail de l'ouvrier que seraient dûs les produits et toutes les richesses d'un pays. Ils vont même jusqu'à soutenir, que les économistes ne considèrent l'ouvrier dans le mécanisme des industries, que comme *une machine*.

L'Économiste. L'ouvrier dans l'acception du mot, n'est ni une machine ni le seul et unique capital. C'est l'homme travaillant avec son intelligence et ses bras, ou seulement avec ses bras qu'il doit cependant faire mouvoir avec intelligence.

L'ouvrier ne peut être appelé *capital*, puisqu'il est *personne* et non pas *chose*; distinction légalement faite dans notre droit civil. Distinction que doit aussi faire la science économique.

On peut dans des moments convulsifs, pour soulever la classe pauvre contre la classe riche, mettre en avant ce paradoxe : que l'ouvrier est tout dans une société; mais rien n'est plus faux en économie sociale. Il y a cependant *des socialistes* qui admettent cette distinction comme principe, puisqu'ils veulent l'association entre le *travail et le capital*; c'est aussi ce que veulent les économistes. On n'est pas très-éloigné de s'entendre, et cependant il y a guerre ouverte! On se donne des qualifications outrageantes.

Comment organiserez-vous une industrie quelconque, sans un local, sans des métiers, sans matières premières, si c'est une fabrique? Sans des bâtiments, sans instruments aratoires, sans semenses, si c'est une ferme? sans navires, sans agrès et apparaux, sans l'achat des cargaisons, si on veut se livrer au commerce maritime?

Comment posséder ces instruments que les ouvriers

ou travailleurs doivent faire fonctionner, ce ne peut être que par un capital en numéraire, ou en monnaie de cours ?

Permettez-moi une comparaison bien vulgaire. Ne faut-il pas un lièvre au cuisinier pour faire un civet ? Il est vrai que pour tuer le lièvre il suffit d'être chasseur; mais pour chasser, ne faut-il pas les instruments de chasse, fusil, poudre et plomb ?

Il y aura aberration d'esprit, quand on prêchera que l'ouvrier est le *vrai et le seul capital*. Peut-on obtenir des produits sans l'alliance du travail avec le capital ?

Si l'ouvrier n'est pas spécialement instruit, ne faut-il pas qu'il soit secondé par une personne intelligente, instruite, ou plus intelligente, plus instruite que lui ? qu'elle ait enfin toutes les capacités nécessaires pour être un bon et habile manufacturier, un bon et habile agriculteur, un bon et habile armateur.

Un chef, un directeur est donc indispensable. L'ouvrier ne peut être pris pour *l'Atlas* qui soutient le monde, lorsqu'il est incontestable que si les produits sont le résultat du travail, le travail *est composé*.

L'ouvrier sans le capital est la locomotive sans la vapeur. De même que la locomotive aidée de la vapeur, sans le machiniste et le chauffeur, ne peut agir et fendre l'air.

Le laboureur, sans la terre, peut-il avoir du blé, un produit quelconque? Le cordonnier, sans le cuir, peut-il faire des souliers? l'un et l'autre pour produire, doivent se procurer un champ et du cuir.

Ces choses-là sont si claires, elles portent en elles-mêmes tant de précision, qu'on ne conçoit même pas qu'on puisse chercher à les embrouiller.

L'Industriel. On veut que l'ouvrier soit *l'unité* dans les industries. C'est, dit-on, la *cheville ouvrière* qui fait mouvoir un peuple, qui lui donne l'existence par les produits.

L'Économiste. Il ne peut y avoir dans les industries des *chevilles ouvrières*, sans en excepter le directeur de l'établissement. Chacun, comme dans une fourmilière, doit apporter le grain pour être consommé.

Les ouvriers ne sont ni des machines, ni des prolétaires, ni *des esclaves*, ce sont des hommes qui, par leur travail, donnent des produits au pays, *qui échangent* leurs travaux contre des salaires.

Au lieu de payer ces salaires ou fruit du travail en produits, on les paye régulièrement en numéraire; on pourrait même les payer en toute autre monnaie ayant cours.

Ils échangent la monnaie qu'ils reçoivent contre tout ce qui est nécessaire à leurs subsistances et à leurs vêtements.

L'employé de l'État est aussi un ouvrier qui reçoit en échange de son travail, un salaire en numéraire.

On peut en dire autant d'un avocat, d'un médecin. Faut-il appeler tous ces travailleurs *machines*, *prolétaires*, *esclaves*, *serfs*, parce qu'ils sont payés des services qu'ils rendent au pays?

Nos hommes d'État ne sont que des ouvriers gouvernementaux de haute intelligence.

Des contribuables qui sont animés de la passion de la propriété que j'appellerai *industrielle*, compris celle du sol, ont comparé à *des valets* les employés de l'État : ce sont nos valets, a-t-on dit ! D'autres, parlant plus poliment, ont dit : ce sont *nos agents !*

Insensés ! pourriez-vous jouir paisiblement de votre fortune, si vous n'aviez pas de *gouvernement* ? Les crises révolutionnaires ne vous ont-elles pas fait sentir le besoin d'un bon gouvernement pour la consolidation des intérêts matériels ?

Et encore pourriez-vous avoir des produits sans ouvriers, sans travailleurs, malgré que vous possédassiez le capital ou soit l'instrument du travail ? Ce sont ces idées orgueilleuses, ces pensées étroites, ces hallucinations qu'inspirent malheureusement la possession du capital, surtout aux individus qui sont les artisans de leurs fortunes, qui poussent à des révolutions, exaspèrent le pauvre contre le riche !

L'Industriel. Si l'État fournissait le capital soit en instrument de travail, soit en numéraire, est-ce que l'ouvrier ne serait pas l'unique agent de la production ?

L'Économiste. L'État représente la société, ou le pays. Que le capital soit fourni par l'État ou par un banquier, l'État, le banquier, le capitaliste commanditaire, doivent naturellement obtenir le prix du service que le capital rend à l'industriel.

Le bailleur de fonds qui s'associe avec un industriel

patron ou même avec des ouvriers, doit avoir, je l'ai exposé, une part au bénéfice. La mise de fonds étant un des ressorts qui fera mouvoir la machine.

Que ce soit l'État, que ce soit une banque publique ou privée qui fournisse le capital numéraire, on ne peut y voir qu'un associé *indirect* qui doit toucher, s'il est simple commanditaire une part des produits bruts. Que l'industriel fasse un bénéfice ou qu'il soit en perte, lorsque le bailleur de fonds n'est pas associé *direct*, l'industriel est toujours obligé de servir l'intérêt du capital.

L'État ne peut avoir un capital en numéraire que par des impôts. Ces impôts sont prélevés sur les richesses du pays; de même le numéraire possédé par les capitalistes n'est que le fruit du travail du pays; ses économies transformées en numéraire. L'État ne pourrait subventionner toutes les industries. Tout ce qu'il peut faire, c'est de fonder un crédit national, en instituant des banques dont j'ai expliqué le but.

Il faut, dans l'industrie que l'intérêt, ou le prix du capital soit relatif au salaire de l'ouvrier, au profit *ou revenu net* de l'industriel, qu'il soit fabricant, agriculteur, négociant, armateur. Le salaire comme le profit doivent toujours donner aux individus ouvriers et patrons, des moyens d'existence pour eux et leurs familles. C'est ainsi qu'une nation se soutient dans sa virilité.

C'est parce que dans beaucoup d'établissements industriels, le capitaliste ou le banquier perçoit une rente de son capital trop considérable, qu'il y a constamment gêne, souvent *diminution de salaires*, et au bout du compte *faillite*.

Aussi, des banques nationales qui escompteraient les valeurs des industriels à *un taux modéré*, donneraient un profit réel et certain au chef d'un établissement qui serait intelligent et aurait de l'ordre. Les salaires de ses ouvriers seraient toujours assez élevés pour les faire vivre dans l'aisance avec famille.

Toutefois, l'État pourrait avoir des ateliers où les ouvriers restés sans travail par suite d'un chômage, seraient reçus. Le chômage est une agonie pour l'ouvrier qui n'a pu faire des économies.

L'État doit néanmoins éviter une concurrence avec les établissements particuliers qui ne doivent pas cesser de fonctionner avec cette *liberté de faire* qui est un principe d'économie industrielle.

Mais faire monopoliser par l'État toutes les industries du pays, ne serait-ce pas attenter au droit sacré de propriété? droit inviolable. L'exemple de l'Égypte n'est pas à imiter. C'est la liberté sans licence pour toutes les industries qu'il faut proclamer, et non la concentration des usines et de tous les ateliers dans une seule main!

D'ailleurs, l'État devenant manufacturier, aurait à la tête de ses fabriques des chefs, des contre-maîtres, des ouvriers: ce que l'on voit dans les manufactures nationales des Gobelins, de Sèvres, de Beauvais, des tabacs. L'État règlerait les salaires des ouvriers: l'organisation du travail par l'association pourrait-elle jamais s'effectuer?

L'Industriel. Croyez-vous qu'il soit possible à un patron ou chef de fabrique de donner *un minimum de salaires avec une part dans les bénéfices*, aux ouvriers attachés à son atelier?

L'Économiste. Cette participation aux bénéfices en faveur des ouvriers est difficile à organiser, surtout dans une grande manufacture comme celle, par exemple, d'étoffes de coton.

Le patron fait-il toujours des bénéfices? n'essuye-t-il pas des pertes dans une année, qui sont compensées par les bénéfices d'une année plus prospère?

Il y a des méventes, et ces méventes réduiront souvent les ouvriers *au minimum de leurs salaires*. Cette inégalité de profits mettrait l'ouvrier dans un état permanent de gêne et de pauvreté.

Il y aurait ensuite une complication souvent désastreuse dans la manutention et les opérations de la fabrique. Pour satisfaire au plus tôt l'appétit de ses associés en participation, le chef ne serait-il pas contraint de vendre les produits sur les marchés étrangers au-dessous du prix de revient, ou au prix de revient, c'est-à-dire, sans profit?

Quelques associés ont de la peine à s'entendre, comment mettre de l'ordre dans une manufacture où il y aurait mille à quinze cents associés?

Le chef de l'établissement se trouvant dans l'obligation de consulter ses associés, ne pourrait se livrer à de vastes et fructueuses spéculations qui sont souvent l'inspiration du génie. Il hésiterait dans ses vues. Les associés par esprit de méfiance, contesteraient le résultat des ventes. Il y aurait tiraillement perpétuel, et l'association serait tôt ou tard dissoute.

L'Industriel. N'y aurait-il pas des industries où ce mécanisme peut avoir lieu? où l'ouvrier aurait un *minimum de salaires* et une part dans les gains?

L'Économiste. Cela pourrait être mis à exécution dans toute entreprise où les bénéfices sont assurés, dans l'exploitation d'un journal où le nombre des abonnés et les recettes mensuelles sont connues, dans l'exploitation d'un chemin de fer où les bénéfices peuvent être quotidiens et certains; mais dans une industrie où le gain est aléatoire, notamment dans la fabrication qui est consacrée à l'exportation, l'association en participation entre les patrons et les ouvriers présente de grandes et graves difficultés!

On se trouvera toujours en présence d'une concurrence étrangère sur les marchés du globe. Peut-on éviter cette concurrence, si ce n'est par une association entre tous les fabricants armateurs, consignataires du monde? Pense-t-on que cette association puisse se réaliser (1)?

(1) J'ai à mettre sous les yeux du lecteur une distinction qui n'a pas été faite dans les débats au Luxembourg, en mars 1848 jusques au 15 mai, sur l'organisation du travail par l'association entre ouvriers.

On a considéré dans tous ces débats comme *ouvriers*, tous les

Au surplus l'ouvrier qui gagne 4 fr., 5 fr. même 6, 7 fr. par jour, qui n'a pas le goût du luxe, qui n'est pas débauché, qui a de l'ordre, de l'économie en ménage avec femme et enfants, a une existence plus heureuse que celle du patron.

Le patron n'a-t-il pas à soutenir un train de maison? n'a-t-il pas à payer les ouvriers, les intérêts du capital en argent, à entretenir le capital qu'il a mis en

individus qui travaillaient manuellement; et l'on pensait que tous ces ouvriers devaient s'associer entre eux. On le leur persuadait même.

Les plus grands partisans de l'association étaient des *ouvriers*, que l'on a jusqu'à ce jour appelé *artisans*. C'étaient des tailleurs d'habits, des chemisiers, des menuisiers, des cordonniers, des garçons boulangers, des maçons, etc. Eh bien! on sait que tous ces ouvriers peuvent s'établir individuellement *en boutique*, et ils sont alors *patentés*; ils entrent dans la classe des industriels; tandis que *l'ouvrier proprement dit*, attaché aux fabriques, n'a jamais qu'un *livret*, et est destiné à être ouvrier pendant le cours de sa vie.

Depuis la révolution de Février, quelles associations a-t-on vu à Paris? celle des tailleurs d'habits à la maison pour dettes, de la rue de Clichi; plus tard celle des chemisiers. On peut aussi y voir celle des bottiers, celle des ouvriers menuisiers, celle des garçons boulangers, celle des ouvriers serruriers, maçons, charrons, et celle des ouvriers lithographes. Presque tous ces ouvriers ont été *apprentis*, et ont appris *un métier* pour l'exercer un jour dans une petite ville, même dans un village, individuellement, ils peuvent donc s'associer dans une grande ville, s'ils trouvent des bailleurs de fonds.

Mais les ouvriers des fabriques de cotonnades, les ouvriers des fabriques d'étoffes de laine, ceux des hauts fourneaux, ceux des fabriques de soude, de sucre de betteraves, des raffineries, ceux des produits chimiques, etc., peuvent-ils faire une association entre eux? Voilà la question! Je puis affirmer qu'elle est d'une solution très-facile en négative.

fabrique, en machines, à faire l'achat des matières premières et encore l'achat des machines nouvellement inventées ?

L'ouvrier au contraire, n'est-il pas payé régulièrement, même lorsque le fabricant a ses magasins encombrés de produits, ou qu'ils sont dans les entrepôts étrangers? L'ouvrier n'a-t-il pas le privilége pour le dernier mois et le mois courant de ses salaires dans le cas où la failllite éclate ? il n'a pas les angoises du patron dont les affaires sont dérangées, le déshonneur d'une faillite !

La vie animale de l'ouvrier ne peut être réellement compromise que dans un chômage, ou s'il tombe malade ; mais des secours doivent lui être donnés dans les deux cas, chômage et maladie, soit par une caisse d'épargnes, par des sociétés de prévoyance, soit encore par un *fonds commun* fait entre tous les ouvriers de la même industrie. L'État doit ensuite fonder des établissements pour recevoir dans leurs vieux jours, les ouvriers à l'instar de l'hôtel des Invalides de Paris, fondé pour les militaires.

Du moment où l'ouvrier aura une existence assurée, sa position ne sera-t-elle pas heureuse s'il sait la comprendre? Si le patron est sur le chemin qui conduit à la fortune, n'est-il pas, en quelque sorte, placé sur une locomotive qui, mal dirigée ou par cas fortuit, peut dérailler, et le machiniste s'engloutir avec elle.

L'Industriel. L'ouvrier se croit d'autant plus malheureux, qu'il ignore la position souvent pénible et soucieuse des patrons. Il ne voit que les apparences d'une position supérieure à la sienne. Position qui n'a souvent qu'un faux brillant.

L'ouvrier a la malheureuse pensée que la possession d'un actif considérable et d'un *cofre-fort* est le suprême bonheur. Il est tourmenté par une secrète envie contre celui qu'il qualifie du nom de *riche* ; envie qui lui fait négliger tout ce qui constitue le vrai bonheur; le foyer domestique. Pour secouer ce qu'il appelle sa *misère*, il se livre à des excès ; il passe des journées au cabaret et délaisse sa famille.

Je doute cependant que l'ouvrier qui gagne des salaires assez élevés, puisse avoir une existence plus heureuse que celles des propriétaires cultivateurs.

L'Économiste. Le propriétaire cultivateur qui possède un domaine rural d'une valeur de dix mille francs, n'aura jamais l'aisance de l'ouvrier qui gagnera en moyenne cinq à six francs par jour.

Le logement et l'emploi de toute sa famille dans la ferme, lorsque ses enfants sont en âge de travailler, sont les seuls avantages que puisse avoir le propriétaire agriculteur.

Si l'ouvrier a le chômage, l'agriculteur éprouve des mauvaises récoltes, des mortalités dans le bétail, qui le ruinent, parce qu'il est aussitôt aux prises avec l'usurier.

Cependant les ouvriers de l'industrie manufacturière qui ont des salaires bas, et ce sont les plus nombreux, doivent fixer l'attention des législateurs. Ils ont une existence plus orageuse que celle des ouvriers des industries agricole et commerciale.

Les ouvriers agricoles de la petite culture que l'on appelle *paysans*, sont dans beaucoup de petites villes, bourgs, villages, *propriétaires fonciers*.

Le valet de ferme dans les grandes et moyennes exploitations agricoles, est à l'instar du domestique; il est nourri, a des gages qui le mettent à même de se vêtir, d'avoir du confortable; il peut même faire des économies sur ses gages.

La classe ouvrière des ports de commerce est dans une position meilleure que celle de la classe ouvrière agricole. On connaît l'aisance, le bien-être des *porte-faix*, dans les grands ports de commerce.

Il est donc important, dans l'intérêt même des ouvriers, d'attirer le simple ouvrier manuel vers l'industrie agricole, où le travailleur comme *valet* est nourri, logé et a des gages, et dont l'existence est assurée; et encore vers le commerce extérieur où l'ouvrier a un salaire élevé et certain, à l'abri du chômage, lorsque le commerce aura pris, par la modification de la législation des douanes, par l'abolition du régime prohibitif, un grand développement.

Le travail agricole et commercial, ou maritime est moins pernicieux pour la santé que celui des fabriques. Là la classe ouvrière est moins étiolée, plus robuste; il y a moins de mortalité.

Ne manque-t-on pas de bras pour les grands travaux d'utilité publique? Des étrangers en grand nombre y sont occupés ; ce sont le plus souvent des mendiants, l'écume des populations des autres nations. L'égoïsme des entrepreneurs vaut au pays cette concurrence étrangère qui aggrave la position de nos travailleurs dans les moments de disette.

Les ouvriers étrangers se contentent d'un salaire très-bas, quelquefois même de la nourriture. Cette émigration des pays étrangers et surtout du Piémont, pour nos ateliers des travaux publics, devrait fixer l'attention du gouvernement.

La construction des routes, des chemins de fer sont des travaux productifs où s'écoulent une partie des revenus publics provenant des impôts. Ces travaux ne sont-ils pas aussi destinés à procurer du travail à la classe pauvre? Elle doit donc être exclusivement occupée à ces vihicules de prospérité. Mais les entrepreneurs vont eux-mêmes recruter les ouvriers étrangers, et n'amènent que des hommes déguenillés, traînant avec eux femmes et enfants.

Une clause du cahier des charges ne pourrait-elle pas défendre aux entrepreneurs d'employer des ouvriers étrangers? que chaque nation nourrisse ses pauvres!

Si des ouvriers français ne pouvaient pas suffire ; l'armée devrait être employée aux travaux publics. On diminuerait les dépenses d'un budget écrasant, et ce labeur maintiendrait chez le soldat l'aptitude au travail des champs. Il en a perdu le goût et l'habitude, quand il rentre dans ses foyers.

L'Industriel. Pourrait-on parvenir, suivant l'opinion de quelques socialistes, à faire jouir chaque individu d'un revenu de cinq à six francs par jour.

L'ÉCONOMISTE. Cette égalité de revenu est une utopie. Je vous ai fait observer, qu'il faudrait qu'il y eut des produits d'une valeur de *vingt-sept milliards* en circulation chaque jour, et régulièrement répartis, pour que chaque individu eut en France les *sept francs cinquante centimes* de revenus annoncés par M. Proudhon. Il est vrai que M. Proudhon veut procurer ce revenu quotidien par le mécanisme d'une banque d'échange (1) ayant pour moteur des billets *signes représentatifs des produits.* Mais ne faudrait-il pas que le pays put créer journellement des produits d'une valeur de vingt-sept milliards, ce qui porterait à une

(1) M. Proudhon avait constitué sa banque d'échange : il a échoué. Il ne pouvait donner de sa propre autorité *un cours forcé* à ses bons d'échange. L'État seul qui bat monnaie peut décréter *le cours forcé.*

Quand les billets d'une banque sont reçus chez le percepteur, la masse des cultivateurs les acceptent, et peu à peu ils s'habituent à s'en servir.

Le papier-monnaie qui est refusé aux caisses publiques se déprécie promptement.

Les bons d'échange de la caisse Proudhon n'avaient proprement qu'une *valeur fictive.* Il fallait que le producteur ou le vendeur reçut ce *bon* du consommateur *actionnaire* ; mais ce producteur, en admettant qu'il fut lui-même actionnaire, pouvait-il donner pour du comptant le bon d'échange au commerçant qui n'était pas actionnaire? Il fallait que la MUTUALITÉ fut générale ; ce qui était impossible, surtout à une époque de révolution où les partis ont intérêt à décrier la moindre amélioration, même l'essai.

valeur fabuleuse, la production des 365 jours formant l'année.

L'INDUSTRIEL. Parviendrait-on à donner un revenu quotidien assez élevé, ou une aisance individuelle basée sur l'égalité de fortune, par un impôt sur *la classe riche?* Cet impôt pourrait-il même servir à subventionner les manufactures, l'agriculture et le commerce extérieur?

L'ÉCONOMISTE. Des impôts qui frapperaient spécialement la classe riche, ne pourraient, dans aucun cas, atteindre le but qu'on se proposerait.

Quand les impôts sont levés pour des travaux publics, ce sont des instruments de travail que l'on crée; mais tout impôt extraordinaire qui n'a pas son application au travail national est infructueux au pays.

L'impôt qui serait levé sur les personnes notoirement riches, diminuerait leurs dépenses toujours proportionnées à la fortune; et toutes les industries seraient violemment frappées. Les capitaux se resserreraient de plus en plus : le crédit serait anéanti.

Ensuite, des impôts prélevés sur une seule classe de la société serait contraire au principe d'*égalité* que la constitution d'un pays libre doit proclamer; ce serait une monstruosité en politique et en économie sociale.

Dans une bonne organisation des contributions publiques, les impôts ne doivent pas être excessifs. Ils doivent être toujours pris sur le revenu net : ils ne doivent jamais atteindre le fonds ou le capital.

En prélevant sur la masse des richesses du pays des impôts excessifs, on attire dans les caisses publiques tout le numéraire en circulation, si nécessaire aux industries, surtout lorsque le pays manque d'institutions de crédit. On paralyse donc le mouvement industriel, et le pays marche vers sa ruine.

La concentration du numéraire dans les caisses des compagnies des chemins de fer, a commencé vers la fin de 1845 et en 1846, la crise financière que la disette de 1847 a aggravé, et que la révolution de Février 1848 a fait éclater.

La formation de ces compagnies est encore une de ses folies financières qui s'emparent de temps à autres des capitalistes, des financiers français, et qu'un crédit foncier solidement fondé préviendrait.

L'Industriel. N'est-il pas de principe, en économie politique, que le *papier-monnaie* peut remplacer le numéraire, quand la monnaie métallique n'est pas en rapport avec les productions et les échanges du pays?

L'Économiste. Nous avons déjà développé ce principe qui ne peut être sérieusement contesté chez une nation comme la France qui embrasse toutes les industries. Mais les banques doivent avoir *un fonds de prévoyance en numéraire.* Elles doivent ensuite présenter de fortes garanties immobilières. Sans toutes ces garanties elles s'écroulent. Le système de Law et les assignats manquaient d'un fonds de réserve d'un encaisse en numéraire et d'une garantie immobilière suffisante (1).

Le numéraire manquera à l'échange des produits, tant que les pays qui fournissent la matière première, ne feront pas une consommation des produits français assez considérable pour donner en *retours* des matières d'or et d'argent.

Le jour où les pays producteurs des matières aurifères auront une population nombreuse et industrieuse, il y aura chez ces peuples des échanges considérables profitables à la France.

(1) Les assignats avaient pour garantie les biens nationaux à vendre.

Après le 9 thermidor, il y avait en circulation sept milliards 5 à 600 millions d'assignats. Le gage pouvait s'élever, en bois, terres, châteaux, hôtels, maisons, mobilier, à plus de *quinze milliards*. Cette garantie paraissait bien établie, cependant ce *papier-monnaie* qui avait *cours forcé*, perdait chaque jour de sa valeur, malgré les décrets très-sévères de la Convention, pour en faciliter la circulation.

A l'installation du Directoire, il en fut créé pour vingt milliards qui ne représentaient qu'une valeur numérique de 200 millions.

Il faut attribuer la dépréciation de ce papier-monnaie, d'abord à l'émission démesurée que les gouvernements révolutionnaires en faisaient, et ensuite à l'incertitude de la garantie.

Les biens nationaux sur lesquels reposait la garantie des assignats et lui donnaient une *valeur effective*, étaient le résultat de la confiscation, et un aliment incessant d'agiotage le plus effréné. La vente de ces biens s'opérait mal et très-difficilement, malgré que les prix fussent reçus en assignats dans les caisses publiques.

Il faut ajouter que les industries de l'époque qui venaient d'être anéanties, principalement l'industrie manufacturière, ne réclamaient pas, comme aujourd'hui, un nouveau signe représentatif des échanges.

Par un commerce maritime immense qui enveloppera dans ses réseaux tous les pays du globe où l'on puisse aborder, la France fera des économies en richesses qui se répartiront sans commotion, *sans communisme*, *sans phalanstères*.

Chaque famille pourvue d'un patrimoine soit en terres, soit en tout autre instrument du travail, s'attachera non-seulement à la patrie, car l'amour de la patrie est inné chez le Français; mais le gouvernement du pays deviendra d'une stabilité à toute épreuve, à l'abri d'une révolution politique et sociale. Chaque citoyen sera intéressé à l'ordre, au maintien des institutions sociales et politiques.

L'Industriel. Comment arriver à cette prospérité avec les immenses colonies de l'Angleterre, donnant des débouchés aux objets manufacturés de cette puissance? cette puissance faisant échelle sur toutes les mers.

L'Économiste. Ce sont ses colonies et ses possessions qui forceront l'Angleterre à fonder un système gouvernemental plus en rapport avec les progrès de la civilisation, plus conforme à l'esprit du siècle.

Les colonies anglaises ont obtenu l'abolition de l'esclavage; elles se peuplent de citoyens qui connaîtront tôt ou tard leurs droits civils et politiques.

Un pays maritime comme la Grande-Bretagne, émancipant les esclaves de ses colonies, doit opérer une régénération en harmonie avec les principes de l'économie sociale de l'époque, chez tous les peuples qui lui sont soumis.

Si cette régénération n'est pas opérée par le gouvernement anglais, ses colonies se sépareront de la mère-patrie ; elles se déclareront États indépendants. Ce que les États-Unis ont fait ; révolution qui s'est faite dans toutes les possessions espagnoles et portugaises d'Amérique, dans la possession française de Saint-Domingue, la plus riche colonie que la France eut.

Quand la France aura une véritable entente cordiale avec l'Angleterre, sur le commerce extérieur, fondée sur les droits internationaux, et surtout sur les principes d'égalité entre tous les peuples ! quand les hommes d'État, les diplomates des deux pays, ne joueront plus la *comédie*, *ruses contre ruses*, les barrières des frontières et des côtes qualifiées douanes ne seront pas abattues ; mais elles ne seront posées que pour surveiller la perception des droits d'entrée et de sortie ? C'est uniquement dans ces vues que l'association du libre-échange doit agir.

L'Industriel. En enlevant les prohibitions de nos tarifs, il faut au moins maintenir des droits d'entrée élevés, pour protéger les industries qui réclament une protection.

L'Économiste. Dans notre cinquième et dernier Entretien, je vous donnerai des notions qui vous paraîtront sans doute claires et précises, sur les résultats des plus fructueux pour le pays, que doit nécessairement amener le *libre-échange*, tel que je vous l'ai présenté.

L'Industriel. Dans l'intérêt général et bien entendu du pays, je désire que vous parveniez à réhabiliter en France ce mot de *libre-échange* que l'on a si mal accueilli.

Ma conviction a été ébranlée, je l'avoue, par les motifs sur lesquels vous vous appuyez pour l'abolition du régime prohibitif : je trouve ces motifs bien puissants.

CINQUIÈME ENTRETIEN.

Des effets du libre-échange tel qu'il doit être entendu. — Quelques considérations sur une nouvelle législation des douanes. — Conclusions.

L'ÉCONOMISTE. M. Gaulthier de Rumilly a fondé son système en faveur du régime protecteur, sur le libre-échange, dans sa crudité, sur l'abolition des douanes, par conséquent sur la liberté absolue du commerce extérieur, que quelques économistes professent.

L'association du libre-échange ne pouvait être que l'imitation de la *ligue anglaise.*

Un des chefs de cette ligue, M. Cobden, a-t-il proclamé la liberté absolue du commerce, la suppression des lignes des douanes, dans sa pérégrination pour le libre-échange, dans les divers États de l'Europe ? Voici le sens donné au *libre-échange* par M. Cobden aux négociants de Gênes, en présence du consul français.

« J'ai foi dans le progrès du *libre-échange* en tous » pays, parce que d'un progrès doit résulter un avan» tage égal pour les gouvernements.

» Il y a une double leçon à recueillir, leçon com-
» prise jusqu'à présent par deux seules nations, et de
» laquelle on apprend comment LES REVENUS DE
» L'ÉTAT PEUVENT AUGMENTER PAR LA DIMINUTION
» DES DROITS DES DOUANES.

» Ce système de sage diminution doit être rendu
» propre *à accroître la population*, *le commerce*, *la*
» *richesse de la nation*, et à la rendre par conséquent
» plus capable de concourir *par le moyen des impôts*
» *aux charges* de *l'Etat;* et ici, pour mieux éclaircir
» ma pensée, j'exposerai quelques faits.

» Les États-Unis d'Amérique jouissent d'un tarif
» des douanes qui est peut-être le *plus modéré du*
» *monde entier ; et là les* NEUF DIXIÈMES DU REVENU
» NATIONAL PROVIENNENT DES DOUANES.

» En Angleterre, où nous sommes entrés depuis
» un quart de siècle, en 1823, dans la voie de la
» liberté commerciale, UN TIERS DE NOTRE IMMENSE
» REVENU EST FOURNI PAR LES DOUANES.

» En France, UN DIXIÈME SEULEMENT DES TAXES
» PUBLIQUES EST TIRÉ DES PERCEPTIONS DES DOUANES.

» Quant à l'Espagne où domine jusqu'à présent *le*
» *système restrictif absolu*, le revenu de la douane
» figure seulement pour *un treizième dans le budget*
» *annuel.*

» En fixant un regard sur d'autres pays, je
» pourrai démontrer comment, à mesure qu'ils
» *s'éloignent des maximes du libre-échange*, ILS STÉ-
» RILENT DAVANTAGE LA RESSOURCE DE LEUR TRÉSOR.

» Et ainsi reconnaissant qu'en ce point L'INTÉRÊT DES
» PEUPLES se confond parfaitement avec celui de leurs
» gouvernements, j'ai foi pleine et entière dans la dif-
» fusion, par toute la terre, de ces principes commer-
» ciaux dont je me fais l'humble défenseur. »

M. Cobden définit le libre-échange dans l'acception qu'il doit avoir, et pose les principes vrais d'une législation des douanes, chez une nation qui est tout à la fois Puissance maritime et industrielle (1). Loin de demander la suppression des douanes, M. Cobden les présente comme des voies et moyens pour augmenter les revenus. Et suivant ce membre du parlement d'Angleterre, la diminution des droits des douanes, l'abolition du régime prohibitif doivent enrichir une nation, accroître sa population, en donnant un mouvement immense au commerce extérieur de chaque pays. N'est-ce pas sous ce point de vue que j'ai envisagé l'association du libre-échange (2)?

(1) En disant *industrielle*, je comprends les industries agricole et de fabrication.

(2) On lit dans *la Presse* (journal de Paris), du 24 janvier 1849 :
« Il s'est formé à Francfort une société de délégués du Nord, dans
» le but de réformer et *d'unifier* les tarifs du Zollwerin. Le Nord
» de l'Allemagne est pour la liberté du commerce, et contre LES
» DROITS DE PROTECTION, le Sud, PAYS MANUFACTURIER, est contre
» la liberté, et en faveur DES DROITS ÉLEVÉS. Aussi cette société
» unitaire ne s'est-elle réunie que pour se séparer avec éclat. Toute-
» fois, les délégués du Nord sont restés, et continuent leur œuvre.
» Ils ont posé les principes suivants pour tout le Zollwerin :
» AUCUN DROIT NE DOIT PESER SUR LES OBJETS DE PREMIÈRE
» NÉCESSITÉ. Le droit sur les autres articles de grande consomma-

D'après M. Cobden, et ses données doivent être sûres, les États-Unis d'Amérique retirent *les neuf dixièmes* des perceptions de leurs douanes; ce publiciste pouvait ajouter : les autres États américains maritimes ont pour seuls et uniques revenus publics les recettes des douanes.

Les États-Unis percevant en droits de douanes, les neuf dixièmes de leurs revenus nationaux, n'avais-je pas raison de vous dire que ce peuple était une nation à présenter comme exemple, et non le Portugal ? s'étant élevé au rang d'une grande Puissance sans avoir compliqué le rouage de leurs douanes par le régime prohibitif.

L'Espagne qui a voulu imiter la France et l'Angleterre dans leurs prohibitions, ne retire de ses douanes que le treizième de ses revenus publics. Son régime des douanes est même devenu plus rigoureux par le décret du 21 novembre 1847. Par ce décret, l'Epagne

» tion, tels que vins, épices, denrées coloniales, etc., ne doit en
» aucun cas excéder le taux le plus propre à assurer LA RECETTE
» LA PLUS CONSIDÉRABLE;

» AUCUN DROIT, à moins qu'il ne dépasse pas 3 p. 0/0, ne sera
» établi sur les matières premières des industries et les demi-
» fabricats (fils);

» Les droits à l'importation sur les produits manufacturés ne
» pourront être supérieurs à 10 p. 0/0 de leur valeur moyenne;

» TOUS LES DROITS D'EXPORTATION SERONT ABOLIS; il n'y aura
» NI LOIS DE NAVIGATION, NI DROITS DIFFÉRENTS, NI DROITS DE
» TRANSIT, NI PRIMES A L'EXPORTATION; en outre, il sera formé
» UNE SOCIÉTÉ DE LIBRE-ÉCHANGE. »

A PROHIBÉ l'importation des articles laine et fil, et tous les articles où les cotons entrent pour un tiers; elle a imposé à 50 p. 0|0 de valeur, l'entrée des tissus étrangers purs-laine de 75 centimètres de large.

N'a-t-elle pas, par ce décret qui n'a encore suscité aucune réclamation de la part de la France, restreint notre importation de tissus laine qui était considérable dans l'ancienne Ibérie. N'étais-je pas fondé à vous dire que l'Espagne prohiberait tôt ou tard la sortie *de ses belles laines mérinos*, puisque déjà elle prohibe l'entrée des tissus de laine étrangère?

M. Cobden fait participer les douanes françaises pour *un dixième*, dans une perception générale d'un milliard et plus.

D'après les états récemment publiés par l'administration des douanes, l'année 1846 présente des recettes de douanes s'élevant à la somme de 162 millions 263 mille francs, sur un budget général de recettes de 1,300 millions.

Dans l'année la plus prospère, le produit dans la perception des droits de douanes, ne serait jamais que le NEUVIÈME des revenus publics de la France.

Et l'Angleterre qui a fondé le régime prohibitif, qui l'a poussé à son paroxysme, qui aurait encore, suivant M. Gaulthier de Rumilly, des restrictions dans ses tarifs plus excessives que celles de la France, perçoit cependant dans ses droits d'entrée et de sortie, au-delà du tiers de ses revenus publics.

Sur des recettes générales DE UN MILLIARD TROIS

CENTS MILLIONS CINQ CENT TRENTE-TROIS MILLE HUIT CENT CINQUANTE FRANCS, opérées dans l'exercice de 1847 à 1848, clos au mois d'avril 1848, l'Angleterre a perçu en droits de douanes, QUATRE CENT QUATRE-VINGT-DIX-HUIT MILLIONS CINQ CENT SEPT MILLE TROIS CENT SOIXANTE-QUINZE FRANCS (1).

(1) La France reçoit des pays étrangers des marchandises et denrées en nombre bien inférieurs à celles importées dans la Grande-Bretagne. Le tableau suivant doit le prouver :

En 1847 il a été importé en France ; cette année est encore une année prospère.

	Quintaux métriques.
Bois d'accajou	48,443
Cacao	22,631
Café	166,639
Coton en laine	455,181
Cuivre de première fusion	77,854
Étain brut	16,010
Fil de lin et de chanvre	19,580
Fonte brute	957,411
Graine de lin	299,759
Graines de sésame	142,975
Houilles	21,730,176
Sucres coloniaux	877,263
Sucres étrangers	96,156
Toiles	26,315
Zinc	145,061

Ce tableau publié par l'administration des douanes présente les principaux objets importés. On n'y voit aucuns tissus, ni de coton, ni de laine. On y voit seulement figurer 26,315 quintaux toiles, tissus de fil, qui, probablement, viennent de la Belgique et de la Hollande. Les toiles de la Hollande et de la Belgique ont une réputation méritée, que nous n'égalons pas encore. Ainsi le régime prohibitif et trop protecteur frappe toutes les autres marchandises fabriquées.

C'est sur ces importations que les douanes produisent le *neu-*

La France a des côtes plus étendues que celles de l'Angleterre, ne pourrait-elle pas porter les recettes de ses douanes à trois cents millions? Ne serait-ce pas là le seul moyen de dégrever les propriétés foncières ?

vième des recettes. Les sucres coloniaux et étrangers, le café et les cotons donnent en recettes plus des deux tiers, on peut même dire LES TROIS QUARTS ; et la France ne consomme que le TIERS de ce qui se consomme en Angleterre, EN CAFÉ ET EN SUCRE.

Le thé dont on fait une consommation considérable en Angleterre, est importé en France en si petite quantité, que l'administration des douanes a cru ne pas devoir porter cette denrée sur le tableau de nos importations les plus saillantes.

Lorsque l'on voit des recettes des douanes françaises de cent cinquante millions ; et celles de l'Angleterre portées à CINQ CENTS MILLIONS ! Il faut ; ou que la Grande-Bretagne ait des importations et exportations QUATRE A CINQ FOIS PLUS CONSIDÉRABLES, ou il faut que ses tarifs portent des droits quadruples aux nôtres.

Cependant ce n'est pas dans un sens restrictif que la législation anglaise douanière a été modifiée depuis un quart de siècle ; c'est au contraire dans un sens tout à fait libéral. Presque tous les droits trop élevés ont été diminués, et beaucoup d'objets jadis prohibés ont été tarifés. C'est Hukisson, président du bureau de commerce, qui, le premier, porta un coup de hache au régime prohibitif des douanes anglaises ; Sir Robert Péel a fait le reste. Sir Robert Péel est pourtant le fils d'un riche manufacturier. En Angleterre l'intérêt général est en première ligne ; l'esprit national est le mobile qui fait agir cette puissance.

La France a trente-six millions d'habitants, un territoire plus varié, plus riche en produits agricoles, que celui de sa voisine d'outre-manche. L'Angleterre n'a que 28 millions d'habitants y compris l'Ecosse et l'Irlande, et l'Irlande n'est rien moins que prospère.

Cette différence de position ne doit-elle pas inspirer à nos législateurs et à nos gouvernants, des pensées, des vues vastes et profondes pour arriver au point commercial et industriel où se trouve l'Angleterre, et obtenir de nos recettes douanières LE TIERS DU BUDGET DES RECETTES?

d'alléger par là les charges du petit propriétaire cultivateur ? Ce propriétaire n'est-il pas broyé, pulvérisé, et par l'usure, et par l'impôt, et par la mévente du superflu de ses denrées? Ce n'est que par la vente de ce superflu, qu'il peut payer l'impôt, et faire face à l'intérêt de ses emprunts.

Par la diminution des droits d'entrée, le consommateur aurait à très-bon marché les denrées coloniales et les objets qui servent à ses vêtements, même les objets de luxe. Un peuple qui vit et se vêtit à bon marché est un peuple heureux. Il est à l'abri de l'indigence! il n'est pas poignardé par les besoins indispensables à son existence. Sa position heureuse est complète, si par le bas prix des matériaux, il est logé commodément et sainement.

L'Industriel. Je reconnais qu'en abolissant les prohibitions, et par des tarifs dont les droits seraient très-modérés, surtout à l'égard des matières premières et des denrées coloniales, les perceptions des douanes pourraient être triplées. Mais ne craignez-vous pas que la nouvelle école des économistes qui proclame dans ses écrits la liberté absolue du commerce extérieur ne parvienne un jour à son but?

L'Économiste. Les douanes, comme revenus publics, sont une institution qui ne peut être abolie. C'est un mode d'impôt qui frappe *très-indirectement* la population.

La perception de cet impôt est restreinte aux frontières, aux ports de commerce. Aux yeux du peuple, elle est moins vexatoire, parce qu'elle est moins générale.

En modifiant le régime des douanes par des tarifs qui n'auraient plus traces de prohibitions, les douanes seraient moins inquiétantes pour le commerce extérieur.

Le rouage de cette administration se simplifierait beaucoup. Le régime des entrepôts réels disparaîtrait. Le négociant serait moins soumis, après le débarquement et avant le paiement des droits d'entrée, à une surveillance active.

Les mesures de rigueur ne sont prescrites que sous le règne des prohibitions et des droits prohibitifs.

Les entrepôts fictifs suffiraient au mécanisme des douanes. Cet entrepôt conservé, le consignataire des marchandises sujettes à la réexportation ou au transit, les aurait dans ses magasins. La faculté de l'entrepôt serait néanmoins maintenue jusqu'à la vente, pour les objets qui devraient entrer en consommation.

On pourrait même encore supprimer les visites des voyageurs aux frontières. Oserait-on se livrer à la contrebande, faire la fraude pour des objets que l'on aurait à bas prix dans son pays? car elle se réduit aujourd'hui à quelques articles.

En imposant les marchandises *à la valeur*, et en admettant avec mesure *le droit de préemption* au profit de l'État, on pourrait aussi supprimer le *pesage* des marchandises et denrées; ce qui prend un temps très-précieux au commerce et complique des formalités dans les bureaux de visite ou de vérification.

Les douanes ne seront jamais supprimées quelques efforts que puissent faire les économistes partisans d'une liberté absolue du commerce entre peuples.

Cette liberté absolue compliquerait plus qu'on ne pense les relations entre tous les peuples.

D'ailleurs s'il est un impôt qu'une nation doive établir et maintenir, c'est celui des douanes ; à moins de supposer qu'un jour l'univers ne fera qu'une seule nation. Que cette nation universelle aura la même langue, le même gouvernement, les mêmes mœurs, les mêmes lois, les mêmes goûts, le même climat, la même position géographique ; et que cette nation puisse exister sans impôts : ne serait-ce pas vouloir l'impossible ! toute communauté ne doit-elle pas avoir un fonds commun ?

En attendant des siècles pour l'organisation de ce gouvernement universel, en attendant une révolution du globle qui perfectionne notre planète, et la rende propre à un gouvernement unique, on ne peut, en économie sociale et politique, professer la suppression des douanes dans tous les États !

Les peuples qui se civilisent, qui veulent avoir des relations commerciales extérieures, n'agissent-ils pas d'une manière contraire aux vues des économistes qui demandent la suppression des douanes ?

N'établissent-ils pas, avant tout, des douanes comme impôts, et comme police sur leurs côtes et leurs frontières ?

La plupart des nouveaux États comme Haïti, le

Mexique, le Brésil, les Républiques d'Argentine, du Chili et autres n'ont que les recettes des douanes pour revenus.

L'on s'écrie avec raison, que l'impôt territorial est écrasant, surtout pour le propriétaire cultivateur, et l'on voudrait supprimer l'impôt le moins onéreux? se percevant sur des objets qui peuvent supporter une taxe modique et dont le pays fabrique en grande partie les similaires!

Comment! on a jusqu'ici imposé l'air que l'on respire, et l'on ne voudrait pas que l'étranger ne put payer l'avantage qu'il trouve à vendre ses marchandises en France!

Est-ce que l'économie sociale et politique consisterait à bouleverser des idées reçues jusqu'à ce jour? idées qui n'ont pas été effacées par les grandes commotions politiques de 1789; malgré les changements subis par l'administration gouvernementale du pays; malgré des révolutions sociales!

La Convention nationale a-t-elle eu la pensée, dans tous ses enfantements, de supprimer les douanes organisées par la loi du 22 août 1791 de la Constituante sur de nouvelles et sages bases? car cette loi est encore la principale loi organique des douanes.

La convention nationale n'a-t-elle pas posé la première assise du blocus continental, en décrétant la prohibition de tous les produits venant de l'Angleterre (loi du 18 vendemaire, an 2).

Par cette loi, la Convention, assemblée si démocratique et en même temps si despotique, ne créa-t-elle pas le plus onéreux des priviléges pour un peuple, au profit des fabricants?

Elle a été la première de nos assemblées législatives à donner une fausse direction à l'industrie manufacturière française. Pâle et sanglante copie de la Convention anglaise, dont elle avait emprunté jusqu'au nom qui n'avait pas la signification française d'assemblée, elle a encore voulu imiter le parlement de Cromwel, par un acte de navigation (loi du 1er vendemaire, an 2). Loi qui a constitué un privilége en faveur de la marine marchande; qui n'a pu faire des progrès avec cette protection, avec ce privilége donné au pavillon national, puisqu'elle est restée inférieure à celle de l'Angleterre. Et cependant les États-Unis *sans acte de navigation*, ont aujourd'hui une marine marchande plus considérable que la nôtre. Il y a donc nécessité de modifier notre acte de navigation.

Ainsi si l'on résoud un jour le problème, qu'une nation, ou une société peut exister sans impôts, ce sera l'impôt des douanes qu'il faudra abolir le dernier.

L'Industriel. L'impôt sur le commerce étranger n'atteint pas le producteur étranger; il frappe le consommateur français.

L'Economiste. Ce principe est vrai. Le français qui consomme les denrées étrangères paie le droit d'entrée. Il est compris dans le prix de revient, et même dans le prix de vente, souvent avec usure. Mais les pays qui reçoivent en échange nos produits, ont aussi à supporter un droit d'entrée imposé à nos objets; et la France, comme nation industrielle, retire dans ses échanges d'exportation, un bénéfice réel; car elle a donné par le travail de ses fabriques une valeur beaucoup plus considérable à la matière première étrangère, en la convertissant en produits manufacturés.

Mais les denrées coloniales et les grains, matières fongibles qui ne changent pas de nature, imposées trop fortement à l'entrée, deviennent un impôt onéreux au consommateur français. Il est donc d'une sage économie gouvernementale, de ne les imposer qu'à un droit d'entrée très-modéré.

Ce droit modéré aura encore l'avantage d'exciter à une consommation plus grande.

L'Industriel. Des États ne s'associent-ils pas pour supprimer des lignes de douanes, et pour avoir des règlements et tarifs communs?

L'Économiste. Cela est vrai. Mais ces États sont presque une anomalie. Dans l'organisation des nations, par une confédération douanière, ils se donnent la consistance industrielle et commerciale d'une grande puissance.

Ces États s'unissent dans des vues opposées à la liberté absolue du commerce extérieur, en élevant par une législation commune de leurs douanes, une digue contre l'invasion des produits manufacturés des pays très-avancés en industrie.

Une grande nation industrielle ne peut agir de la même manière, si ce n'est dans un sens tout à fait libéral, c'est-à-dire, en proscrivant dans les lois des douanes, les prohibitions, et en abaissant ses tarifs.

La Russie ayant manifesté l'intention d'abolir les douanes polonaises, n'éprouve-t-elle pas de la résistance? N'a-t-on pas considéré jusqu'ici cet acte comme *anti-national* pour la Pologne, et contraire aux intérêts de la partie de la Pologne érigée en royaume, néanmoins soumise à l'Autocrate russe.

Cependant, plus un empire est vaste, plus il trouve de l'avantage à fixer ses douanes sur les frontières. C'est ainsi que l'Empire français, en se constituant, reculait ses lignes de douanes jusqu'aux nouvelles frontières.

Le Principe que l'impôt des douanes ne peut être aboli, subsisterait toujours dans toute sa force, quand même l'Europe ne formerait qu'un seul État.

Le véritable commerce entre peuples n'est pas *terrestre*; il est d'un hémisphère à l'autre; il est d'une partie du globe à l'autre partie, par la navigation, en cinglant les mers. Les pays qui se livrent au commerce maritime toujours immense, ne supprimeraient jamais les douanes. Le commerce maritime est d'autant plus vaste, qu'il embrasse une industrie importante : celle qui résulte de la navigation.

Les peuples navigateurs se sont promptement civilisés et enrichis. La preuve est évidente. Voyez la

Hollande! voyez l'Angleterre! voyez les États-Unis d'Amérique!

Si l'Europe pouvait être sous un gouvernement unique, n'aurait-on pas un commerce excessivement vaste avec l'Asie, l'Afrique, l'Amérique, l'Australie et leurs archipels?

Eh bien! c'est ce commerce que l'Angleterre et la Hollande font à cause de leur position nautique; c'est ce commerce que la France fait; c'est ce commerce que les États-Unis font; et c'est ce commerce que tous les États maritimes feront toujours entre eux, avec une législation de douanes!

N'est-il pas évident que la suppression des douanes ne pourra se réaliser, que lorsque tous les États civilisés renonceront à lever des impôts sur les consommateurs?

L'Industriel. Vos idées sur les douanes diffèrent des miennes en ce que, selon moi, leur régime doit être très-protecteur de l'industrie nationale, tandis que vous voulez ce régime *très-fiscal.*

Le régime protecteur a été sans doute plus rigoureux depuis les lois de la Convention nationale dans le but de créer dans le pays, une industrie manufacturière qui put rivaliser avec celle de l'Angleterre; néanmoins dans tous les temps, l'industrie en fabrication a reçu une protection efficace de l'État.

L'Économiste. C'est sans connaissance de causes, que le système prohibitif, ou protecteur par des tarifs élevés, est, dit-on, depuis longtemps inféodé en France;

qu'il est le principe à tout jamais de la législation des douanes.

Je vous ai historiquement démontré, que ce système date de nos dernières guerres avec l'Angleterre, et n'a eu sa source que dans une haine politique implacable, réciproque.

Mais ni sous Sully, protecteur de l'agriculture, ni sous Colbert, fondateur de l'industrie manufacturière, ni sous aucun premier ministre, ni même sous aucun roi absolu, le système prohibitif n'a été enfanté.

Avant la loi du 5 novembre 1790 qui abolit *les droits de traites et autres*, dans l'intérieur du royaume, était-il possible d'établir, ou d'organiser un régime uniforme des douanes? N'y avait il pas, dans l'ancienne monarchie, des provinces qui, par leur réunion à la France, avaient conservé leurs lois, privilèges, *us et coutumes?* La centralisation a été une création heureuse de la Révolution française, et un bienfait pour la nation. Par là, elle a eu les mêmes lois, et une administration uniforme : la France est un véritable corps dont la tête est la Capitale.

Avant la loi de 1791 qui réorganisait les douanes françaises, le royaume n'avait pas une administration des douanes.

Tous les droits indirects sous la dénomination *de douanes, traites, gabelles, aides étaient en ferme générale.* Les fermiers généraux pouvaient-ils adopter un système protecteur par des droits élevés ou prohibitifs? Il fallait payer *la ferme*, faire encore des profits considérables. On connaît les fortunes scandaleuses et immenses des fermiers généraux.

En législation de douanes, on ne pouvait connaître que le régime de la fiscalité.

La France n'est donc cuirassée du régime prohibitif, que depuis *un demi-siècle*. Ce temps-là a dû suffire, vous ai-je dit, pour fonder et perfectionner une industrie manufacturière française, sans rivale.

Nos ayeux auraient trouvé étrange, que l'on se claquemurât; qu'ils fussent privés de recevoir des peuples avec lesquels ils étaient en paix, ce qui manquait à leurs besoins; ou qu'ils fussent mis dans la nécessité de fabriquer chez eux, ce qu'ils pouvaient acheter de leurs voisins, à des prix plus bas; qu'il y eut même un privilége pour les navires nationaux (1).

(1) M. Dézcimeris, dans un éloquent discours qu'il prononça au congrès central agricole de Paris, en 1847, s'exprima ainsi : « On » vous dit : la protection est une œuvre d'égoïsme et de mono- » pole, c'est une invention récente; L'ANCIEN SYSTÈME C'EST CELUI » DE LA LIBERTÉ; et parmi les auteurs de cette liberté, on a cité » Sully, ce qui est fort surprenant, et Colbert, ce qui est plus sur- » prenant encore. On a donc oublié que c'est Colbert qui créa l'in- » dustrie française; et qu'il la créa par un système complet de pro- » tection. Il appliqua ce système à toutes choses, à la marine, aux » arts, aux manufactures; il accorda au travail national le monopole » des transports maritimes, des fabriques de lainage, de soiries, etc.; » son nom même devint celui du système de protection. »

Colbert fut, il est vrai, un grand ministre, puisqu'il fut le fondateur de l'industrie manufacturière française; Sully, son prédécesseur, n'avait posé que quelques pierres de cet édifice. Ce ministre avait fait décréter, en 1664, un tarif qui pouvait protéger, par une

Les richesses de nos ayeux sont venues de nos échanges avec les autres pays. N'est-ce pas le commerce extérieur qui a mis la France en position de devenir industrielle? Sans ce commerce, aurait-elle le coton? Aurait-elle le numéraire, l'or et l'argent qu'elle a?

Sans des débouchés au delà de mers, sa fabrication ne serait-elle pas très-réduite? Aurait-on le café, le sucre, le cacao, le poivre, la cochenille, canelles et

combinaison *dans les droits*, les manufactures qui s'établissaient en assez grand nombre, sous son aile protectrice. Mais le tarif de Colbert ne faisait loi que dans les provinces de la Normandie, de la Picardie, du Bourbonnais, de la Bourgogne, la Bresse, le Bugey, la Dombe, le Beaujolais, le Berri, le Poitou, l'Aunis, l'Anjou, le Maine et le Bourbonnais. Toutes ces provinces formaient ce qu'on appelait PROVINCES DES CINQ GROSSES FERMES. Excepté dans la Normandie, dans le Bourbonnais, la Bresse et la Picardie, qui avaient des côtes et des frontières, le tarif de 1664 était appliqué dans l'intérieur de toutes ces provinces, ou soit aux limites de chacune de ces provinces.

Le Lyonnais, le Forez, le Dauphiné, la Provence, le Languedoc, le Comté de Foix, le Roussillon, la Guyenne, la Gascogne, la Saintonge, les îles de Rhé, et d'Oléron, la Flandre, le Hainault, l'Artois, le Cambrésis, la Bretagne, la Franche-Comté, N'ADMIRENT POINT LE TARIF DE COLBERT. Ces provinces restèrent dans l'état où elles étaient en 1664, à la promulgation du tarif de Colbert; ce qui les fit appeler PROVINCES RÉPUTÉES ÉTRANGÈRES.

On désignait ensuite par *étranger effectif*, LES TROIS ÉVÊCHÉS, LA LORRAINE ET L'ALSACE. C'était ainsi que le royaume de France était constitué *en droits indirects*, SOUS LE MINISTÈRE DE COLBERT.

Colbert a fait ce qu'un homme d'État doit constamment faire: il a encouragé par des institutions qui allaient avec l'époque, une industrie manufacturière naissante, et une marine marchande qui commançait à poindre sur l'horizon immense des mers, et qui autres denrées exotiques, tropicales? Aurions-nous les bois d'acajou, de campêche? Aurions-nous enfin une marine marchande et une marine militaire pour la protéger?

Le commerce avec le Levant n'a-t-il pas enrichi l'ancienne Provence, qui, réduite à l'industrie agricole, n'était qu'une *gueuse parfumée*.

La découverte du Nouveau-Monde n'a-t-elle pas changé la face sociale, et même la politique des Puis-

n'était pas encore de force à lutter avec celles de la Hollande et de l'Angleterre.

N'oublions pas que la protection de Colbert en faveur de la marine marchande française, était nécessitée par l'acte de navigation de la Convention nationale anglaise, sous Cromwel, qui avait paru en 1651. C'est toujours l'Angleterre qui a provoqué de nôtre part des représailles.

Mais cette protection accordée par Colbert à la marine marchande, se bornait à concéder quelques priviléges de transports par PATENTES ROYALES. Colbert n'alla pas jusqu'à opposer à L'ACTE DE NAVIGATION ANGLAIS, UN ACTE DE NAVIGATION FRANÇAIS; c'était pourtant le seul moyen de riposter contre le privilége de la marine marchande anglaise.

Si d'un côté, Colbert avait créé et protégé l'industrie manufacturière dans son pays, sous un grand roi, d'un autre côté, il avait enveloppé cette industrie de règlements si compliqués, qu'ils avaient fini, sous les autres règnes, par paralyser les mouvements ascendants et progressifs de cette industrie et de tous les arts.

Colbert était le fondateur des jurandes et des maîtrises, conséquence de l'exécution de ses règlements.

C'est pourtant au sujet de l'abolition de tous ces règlements, des jurandes et des maîtrises, que Madame de Staël dit, dans ses *Considérations sur la révolution française* :

« C'est à la suppression des maîtrises, des jurandes, de toutes » les gênes imposées à l'industrie, qu'il faut attribuer l'accroisse- » ment des manufactures, et l'esprit d'entreprise qui s'est montré sances du premier ordre, de la France, de l'Angleterre, de l'Espagne (1) ?

La Hollande n'est-elle pas sortie de ses ondes, par le commerce immense qu'elle faisait avec le nouvel hémisphère; répandant ses riches produits dans l'Europe septentrionale? n'a-t-elle pás disputé l'empire des mers à l'Angleterre?

C'est contre la Hollande, devenue première puis-

» de toutes parts. Enfin, une nation depuis longtemps attachée
» à la glèbe, est sortie pour ainsi dire de dessous terre; et l'on
» s'étonne encore, MALGRÉ LES FLÉAUX DE LA DISCORDE CIVILE,
» de tout ce qu'il y a de talent, de richesses et d'émulation dans
» un pays qu'on délivre d'une église intolérante, d'une noblesse
» féodale et d'une autorité royale sans limites »

M. Chaptal nous explique comment Colbert protegeait la fabrication française :

« Lorque ce grand ministre voulut enrichir la France de l'art de
» la bonnetterie qui prospérait en Angleterre, et de la fabrication
» des draps qui excellait en Hollande, il appela Hindret et Van
» Robais, deux des fabricants les plus renommés dans ces deux
» genres d'industrie; mais il se garda bien DE LEUR ACCORDER DES
» PRIVILÉGES, parce qu'il voulait que la nation jouit, le plus tôt
» possible de tous les avantages de ces deux branches de prospérité.
» Il fixa Hindret qui importait le métier à bas, au château de
» Madrid, dans le bois de Boulogne, et Van Robais à Abbeville.
» IL LEUR FORMA DES ÉTABLISSEMENTS CONVENABLES, les assorti
» de tout ce qui leur était nécessaire, accorda quelques priviléges
» temporaires aux produits de leurs fabriques, et leur confia l'ap-
» prentissage de nombreux élèves, auxquels il donnait un métier
» lorsqu'ils étaient suffisamment instruits pour aller porter et pro-
» pager l'industrie sur tous les points de la France. De cette ma-
» nière et en peu d'années, il établit dans le royaume ces deux
» genres de fabrication qui sont devenus deux principales sources
» de sa richesse. »

(1) L'Espagne était alors une puissance de premier ordre.

sance maritime, que l'Angleterre décréta *son acte de navigation*.

Alors le peuple hollandais était par son commerce extérieur, par son pavillon qui couvrait toutes les mers, le peuple le plus commerçant du globe.

Avec ses immenses richesses, fruits de son négoce, de sa hardie navigation, le hollandais a desséché des lacs, des marais, dompté les ondes, fondé des villes devenues commerçantes et opulentes, sur des mares mises à sec. Amsterdam, sa capitale, est batie *sur pilotis*, coupée par d'innombrables canaux où sont jetés sept cents ponts. Aujourd'hui la Hollande dessèche encore la mer de Haarlem.

Le commerce extérieur sur la Méditerranée qui n'est qu'un lac, auprès des Océans, n'avait-il pas fait élever sur ses côtes, des villes riches, puissantes, comme Tyr, Carthage, Venise, Gênes, Marseille, JADIS L'ÉMULE DE CARTHAGE?

Quel est aujourd'hui le pays le plus riche de l'univers, dans un coin isolé de l'Europe, n'est-ce pas l'Angleterre? Qui est-ce qui a fait son bien-être, qui est-ce qui la rend si puissante, si prospère, n'est-ce pas son immense commerce extérieur?

L'État florissant de ses industries agricole et manufacturière, n'est, chez ce peuple, que le résultat de son active et courageuse navigation, de son exploration sur toutes les mers.

L'Angleterre a été un pays industriel, quand elle a eu de belles et vastes possessions; quand elle a pu avoir en abondance des matières premières. Alors elle a forgé dans le but d'alimenter, s'il est possible, l'univers de ses produits manufacturés.

Les économies d'un pays ne proviennent pas de son commerce intérieur ; mais de ses échanges avec les autres peuples, et avec des peuples riches.

Une nation qui veut se suffire à elle-même n'augmente jamais ses richesses, ses revenus. Elle s'appauvrit par l'augmentation de population, par des disettes qui amènent toujours un engorgement dans ses produits manufacturés.

La population de la France est restée stationnaire sous l'Empire ; deux causes y ont contribué, la conscription et la stagnation du commerce maritime : elle avait pourtant presque tout le continent européen *pour débouchés* de ses produits industriels.

La population et les richesses de la France n'ont eu de l'accroissement, que depuis la paix générale.

Un propriétaire cultivateur qui ne consommerait que ses récoltes, qui ferait fabriquer dans sa ferme, ses vêtements, ceux de sa famille et de ses gens ; n'augmenterait pas son patrimoine, ou sa fortune, une famille trop nombreuse le mènerait à sa ruine. C'est l'image d'une nation qui se suffirait à elle-même, qui n'aurait pas un commerce extérieur et maritime, en rapport avec une population qui s'accroît..

L'agriculteur qui n'a pas de produits à vendre, ne peut acheter des objets de luxe ; ce n'est qu'en vendant le superflu de ses produits, qu'il s'adonne au luxe, qu'il peut le permettre dans sa famille; que cet agriculteur et sa famille peuvent mener une vie confortable.

Qui est-ce qui rend pauvres et malheureux les pays vignobles? n'est-ce pas le manque de débouchés, le défaut d'exportation des vins, des alcools? Que les vins de France et les eaux-de-vie qui en proviennent aient un ample débouché à l'étranger, nos vignerons auront la faculté de faire des dépenses autres que celles du strict nécessaire! il en est de même des autres produits.

Nos propriétaires cultivateurs usaient-ils, avant 1814, du sucre, du café, comme aliments? il ne s'en est fait une grande consommation, que depuis la paix générale; et la quantité qui se consomme de ces denrées est bien inférieure à celles que l'Angleterre consomme. On a établi que la consommation, en Angleterre, était au moins du double. On consommerait ensuite une plus grande quantité des denrées coloniales si les droits d'entrée étaient abaissés : l'Angleterre en a déjà fait l'expérience.

Qui est-ce qui donne de l'écoulement au superflu des produits agricoles de l'ancienne Provence? c'est la ville de Marseille. Qui est-ce qui donne à Marseille une si grande consommation? n'est-ce pas son commerce maritime? l'existence d'une population de 180 mille habitants repose sur ce commerce. Qui est-ce qui enrichit la ville de Paris? n'est-ce pas son immense commerce extérieur presque avec l'univers? Qui est-ce qui fait prospérer Lyon, et alimente une population de deux cent mille âmes? n'est-ce pas l'exportation de ses étoffes de soie, et son commerce de transit avec Marseille, Bordeaux?

Enfin, le commerce extérieur d'un pays avancé en civilisation comme la France, doit être le cœur où se refoulent les deux industries agricole et manufacturière.

Ces trois industries sont fixées l'une à l'autre par des liens indissolubles. Que l'une de ces industries soit en souffrance, les deux autres deviennent paralytiques!

L'Industriel. Vos observations me paraissent justes. Il est certain que notre système prohibitif a sa source dans nos dernières luttes avec l'Angleterre.

L'Économiste. Mais il y a plus. Avant notre régime prohibitif, la France avait des ports francs.

Marseille était *le port franc* du midi de la France, sur la Méditerranée; Dunkerque *le port franc* du nord, sur la Manche; Lorient et Bayonne *les ports francs* de l'Océan. Toutes les marchandises étrangères pouvaient *entrer en franchise de droits*, dans ces ports.

A Marseille, comme dans toutes les villes *de port franc*, des barrières ou lignes et bureaux de donanes étaient établies aux limites des territoires des villes. On y percevait les droits d'entrée sur les objets introduits dans le royaume pour la consommation, et les droits de sortie pour les objets destinés à l'embarquement.

Marseille recevait des étoffes de coton peintes des

Indes-Orientales ; c'est de là qu'est venue la dénomination *indiennes* que porte ce genre d'étoffes.

Cette ville recevait aussi des Indes, des étoffes de soie et de laine, comme foulards, cachemires, tapis. Elle recevait notamment du Levant, de Smyrne, des bonnets et autres tissus de laine, et une grosse toile appelée *chaffarcarnis*.

Aujourd'hui, La France et l'Angleterre sont les pourvoyeuses en tissus de laine, de coton et de soie, du Levant et des Indes-Orientales.

Les Marseillais, sous la première République et l'Empire, regrettaient *leur port franc*. Ils se lamentaient justement sur la perte de leur commerce avec les échelles du Levant ; commerce qui avait rendu leur ville si florissante.

Les navires marseillais s'élançaient rarement vers les deux Océans Atlantique et Pacifique. Ils doublaient rarement les caps de Bonne-Espérance et d'Horn. C'étaient Bordeaux, Nantes et Lorient qui avaient presque le monopole de ces parages.

Marseille gémissait avec d'autant plus de fondement sur la perte de son commerce levantin, que le *blocus continental* l'avait ruinée. Sa population était descendue, en 1814, à 80 mille habitants.

A la paix générale de 1814, la ville de Marseille voulut, en quelque sorte, renaître de ses cendres. Elle sollicita vivement le rétablissement de *son port franc*. Elle s'était bercée de l'espoir de rattraper ses vastes relations commerciales avec le Levant.

Le gouvernement de la Restauration à peine institué, partagea les idées des Marseillais. Ce gouvernement crut, et ce fut son tort dans bien des choses publiques, qu'il lui était facile de revenir sur le passé. Il ne tint pas compte du système prohibitif qui fonctionnait dans toute sa rigueur, protégeant, par conséquent, les fabriques qui s'étaient établies à Marseille sous son égide,

Le port franc fut rétabli, mais avec des modifications. L'exécution des règlements sur *la franchise* dont le port de Marseille devait jouir, rencontra des difficultés innombrables. Les fabriques qui étaient dans l'enceinte de la ville ou du territoire franc, déjouaient le mécanisme simple de l'ancien *port franc*. Ces fabriques compliquaient surtout les formalités des douanes, à cause de l'arrivée de l'intérieur, d'une grande quantité de matières premières. Le roulage y rencontrait de fortes entraves.

La ville de Marseille, qui avait réclamé avec beaucoup d'instance son port franc, fut obligée d'en demander, en grâce, la suppression. Elle rentra sous le régime des entrepôts réels et fictifs.

L'Industriel. Une législation sur les ports francs ne peut concorder avec le régime prohibitif. Mais les entrepôts réels sont une fiction du port franc; les marchandises prohibées ou sujettes à la réexportation, entrent et sortent de ces entrepôts en *franchise de droits d'entrée.*

L'Économiste. Les entrepôts réels auraient une

complète similitude avec les ports francs, si l'administration des douanes avait des drocks comme en Angleterre, c'est-à-dire une enceinte vaste où tous les magasins seraient réunis. Au surplus, en abolissant le système prohibitif, en le rayant du code des douanes, il faut nécessairement supprimer l'ENTREPÔT RÉEL, pour ne maintenir que l'ENTREPÔT FICTIF.

J'ai, ce me semble, établi jusqu'à l'évidence, que le régime des prohibitions n'a été mis en vigueur, que par la Convention nationale, le Directoire et l'empereur Napoléon ; qu'il n'y en avait pas traces avant cette époque, dans la législation des douanes!

L'INDUSTRIEL. Vous prétendez, sans-doute, comme la plupart des économistes, que les produits se paient avec des produits. N'est-ce pas au contraire avec du travail ? Le travail seul donne des produits. Que le travail cesse, la production est tarie.

En introduisant en France les marchandises anglaises, vous favorisez le travail anglais, et vous arrêtez tout à coup le travail français dans son mouvement industriel.

Si on importait pour cent millions de francs des objets similaires aux produits manufacturés français, il faudrait que nous exportassions pour cent millions de nos produits, si non le numéraire sortirait du pays; son capital serait entamé.

La France parviendrait-elle à trouver des débouchés pour une valeur de cent millions de francs, en objets de sa fabrication, en échange d'une valeur égale, que verserait sur son marché la concurrence anglaise ?

L'Économiste. Nous avons déjà fait une distinction qu'il importe de faire encore.

L'importation se faisant en matières premières, nos manufactures, nos ateliers s'en alimentent et décuplent la valeur des objets importés.

Le travail national profite par l'exportation de l'objet ouvré, et même par la consommation intérieure, quand même ces matières auraient été achetées en numéraire.

Importera-t-on des denrées coloniales ? il faut encore les classer en catégories. Le sucre brut et terré est manipulé ; il est raffiné. Les drogueries, le sucre même entrent dans des fabrications qui leur donnent, en changeant de nature, une valeur plus considérable. Voilà donc encore un profit pour le pays qui tourne à l'avantage de son travail. Quant aux denrées qui se consomment, elles se paient dans une exportation considérable avec des produits, ou soit avec des retours.

Les objets manufacturés de l'Angleterre, ou provenant de ses usines, de ses hauts fourneaux, importés pour une valeur de cent millions, seraient d'ailleurs échangés avec nos denrées agricoles, avec nos bestiaux, avec les objets de notre fabrication recherchés dans les *îles britaniques*.

N'a-t-il pas été constaté par les *libres échangistes anglais*, que les concessions faites à la France, dans la nouvelle législation des douanes anglaises, sans réciprocité de notre part, font introduire en Angleterre, annuellement, des produits français pour DEUX MILLIONS SEPT CENT MILLE LIVRES STERLING (67,500,000 fr.), valeur égale à celle que présente l'exportation des îles britaniques dans les Indes-Occidentales?

L'exportation française serait au moins du triple si les deux pays rapportaient leurs lois restrictives.

Avec des faits si précis pourrait-on méconnaître quel serait le resultat de l'abolition du système protecteur? Il faudrait nier sa propre existence.

Ensuite, faut-il voir l'échange avec un seul peuple? l'échange doit s'étendre sur tous les marchés de l'univers.

Un pays qui fait des achats en numéraire sur un marché étranger, recouvre plus tard ce numéraire sur un autre marché, ou soit par des retours en matières premières qui viennent accroître la richesse nationale, en faisant mouvoir son industrie.

On ne pourra jamais persuader à un homme qui a quelques idées sur l'économie industrielle de son pays, qu'un navire sous quelque pavillon qu'il navigue, puisse négliger, *sans un obstacle*, de prendre une cargaison dans *l'aller et le retour de sa navigation.*

Un système prohibitif et une législation de douanes trop restrictive peuvent seuls empêcher un navire de prendre une cargaison de retour.

Cet empêchement provient toujours de la nation à laquelle le navire appartient. Le navire peut-il rentrer dans le port de sa nation, s'il a à bord des objets prohibés, sans y être saisi, sans avoir sa cargaison confisquée?

On a, il est vrai, la faculté de l'entrepôt réel. Une cargaison en objets prohibés peut toujours aborder dans un port; elle sera mise dans les magasins de l'entrepôt réel, pour *être réexportée*, c'est-à-dire retourner à l'étranger, soit en reprenant la voie de mer, soit en transitant dans l'intérieur, pour sortir par les frontières de terre.

Mais l'entrepôt réel est sous la surveillance immédiate et active de l'aministration des douanes. Les objets prohibés ou frappés d'un droit très-élevé sont mis, à leur arrivée, dans des magasins loués par l'administration; elle seule en a les clefs; le consignataire a à payer un droit de magasinage;

Les frais de débarquement et d'entrée à l'entrepôt, le droit de magasinage, le plombage, la commisssion du consignataire, les frais de transbordement pour la réexportation, le nouveau frêt, sont autant de charges qui donnent à la marchandise *une valeur vénale*, qu'elle n'aurait pas si elle avait été importée librement.

Ce qui est fait en France pour les produits prohibés, est fait en Angleterre pour nos objets de fabrication, qui y sont aussi prohibés. Mais les deux pays s'abstiennent généralement de faire des expéditions de ce genre. Si ces objets sont introduits, ce n'est que par contrebande.

On conçoit quel élan aurait notre commerce extérieur, si les prohibitions étaient levées, et ce que notre navigation maritime y gagnerait !

Nos navires marchands sortent rarement de nos ports, sans avoir de riches cargaisons de nos produits; introduits en Angleterre, ils feraient de riches retours. De même, les navires anglais venant dans nos ports avec de belles cargaisons y prendraient, en retour, des chargements opulents.

Les relations des deux pays pourraient-elles avoir une autre marche, sans les taxer de folie, ou sans y voir une haine qu'il faudrait désespérer d'éteindre ?

L'Angleterre n'aurait-elle pas chez elle, par la force des choses, des entrepôts de nos produits manufacturés pour les exporter dans ses colonies, en admettant que son acte de navigation qu'elle vient de modifier ne nous permit pas de sitôt de les exporter *directement* sous notre pavillon (1)?

(1) « Je recommande de nouveau à votre attention LES RESTRIC-» TIONS que les lois de navigation IMPOSENT AU COMMERCE. Si vous » pensez que ces lois soient en tout ou en partie INUTILES pour » maintenir notre puissance maritime, tandis qu'elles GÊNENT LE » COMMERCE ET L'INDUSTRIE, vous jugerez sans doute UTILE DE » LES ABROGER OU D'EN MODIFIER LES DISPOSITIONS. » (Discours de la reine d'Angleterre au Parlement, du 1er février 1849).

Le ministère anglais a présenté un bill au Parlement, pour ABROGER les lois sur la navigation; mais le Parlement anglais ne les a modifiées, qu'en admettant la RÉCIPROCITÉ DE LA PART DES NATIONS MARITIMES, c'est-à-dire, que si la France admet les navires anglais dans son grand et petit cabotage, même pour les expéditions faites dans ses colonies et possessions, l'Angleterre accordera la même faveur aux navires français. C'est donc un traité à faire.

Cette puissance a cent cinquante millions d'habitants sous sa domination; une population égale aux deux tiers de celle de l'Europe. Elle a des colonies très-avancées en civilisation, et des relations plus directes que nous avec les peuples de l'Asie.

L'Industriel. L'Angleterre n'aurait-elle pas intérêt à s'emparer d'une partie de notre numéraire?

L'Économiste. La Grande-Bretagne ne pourrait trouver le moindre avantage à importer en France ses marchandises en échange de notre numéraire. N'en est-elle pas suffisamment pourvue? ne peut-elle pas importer des lingots d'or, puisque sa monnaie est en or? ce qu'elle a d'ailleurs fait dans sa dernière crise financière; c'est même l'arrivage de beaucoup de lingots d'or, qui a fait disparaître la crise.

Voudrait-on supposer à l'Angleterre l'intention *perfide*, étant qualifiée par quelques publicistes français, de *perfide albion*, de ruiner notre fabrication, en nous enlevant le principal élément qui peut augmenter ou diminuer le capital industriel? Peut-on avoir cette pensée sans méconnaître ce que sont les rouages des industries dans un pays civilisé et essentiellement commerçant?

Une nation qui a des relations commerciales avec un peuple riche, industriel, a toujours des échanges assurés, si des entraves n'existent pas dans les deux pays. Quand des restrictions sont en vigueur, comme un régime prohibitif, les deux puissances deviennent rivales, et cherchent à se nuire mutuellement. Il ne peut y avoir ni pour l'une ni pour l'autre, *balance du commerce*, c'est-à-dire *résultat favorable* sous le rapport commercial, pour chaque pays. Il y a toujours perte pour l'un des deux.

L'Angleterre irait-elle acheter avec le numéraire qu'elle nous enlèverait, des matières premières, des denrées coloniales? N'achète-t-elle pas tous ces objets avec les produits de son travail? Disons mieux, ne fait-elle pas un véritable commerce d'échanges?

Un engorgement de numéraire se ferait bientôt sentir dans la Grande-Bretagne. Elle le ferait refluer en France dans nos fonds publics, dans nos travaux publics, et même dans notre industrie manufacturière.

Lorsque, dans un pays, le change est très-bas, le numéraire se reporte dans le pays où il trouve un placement avantageux.

La France est constamment en position de donner un bon emploi aux capitaux monnayés. Son industrie agricole et sa marine les emploiront toujours avec fruit.

N'a-t-on pas vu l'empereur de Russie qui possède dans ses États des mines d'or très-productives, placer sur nos fonds publics *cinquante millions de francs?* Nous restituer par une opération de change utile aux deux puissances, une partie du numéraire que nos achats de grains, avait versé dans l'empire Russe?

Les États-Unis qui nous ont importé en 1847, des farines, ont chargé en retour, nos objets fabriqués. La fabrication de Lyon et de Paris s'est ainsi soutenue malgré la disette.

L'Angleterre a conquis, civilisé de vastes possessions, de belles colonies, non pour y transporter du numéraire, mais pour l'écoulement de ses produits industriels, et pour en tirer, en échange, des matières premières et des denrées.

Pour faire écouler ses produits manufacturés, la Grande-Bretagne a ses possessions dans les Indes-Orientales où près de cent millions d'habitants lui sont soumis; elle a des possessions dans les Indes-Occidentales, l'île Maurice, des possessions dans l'archipel océanique. Elle est établie dans l'Australie, civilise la Nouvelle-Zélande, occupe une partie de la Nouvelle-Hollande, a des stations maritimes sur toutes les mers; elle couvre ces mers de navires; ils retournent bien, rarement *en lest.* Elle impose un traité de commerce à la Chine, à cet empire qui, jusqu'à ce jour, a pratiqué ce paradoxe politique: *qu'une nation devait se suffire à elle-même.*

Pourrait-on dire, que la riche et fière Albion emploierait le numéraire qu'elle nous enlèverait, à augmenter son capital industriel?

Ce capital n'est-il pas énorme, monstrueux? Cette puissance n'a-t-elle pas des embarras souvent bien cruels, dans les moments où elle est engorgée de produits? engorgement qui provient d'un excès de fabrication, ou d'un ralentissement dans son exportation, toujours à cause de sa législation des douanes qui n'est pas assez libérale.

Le numéraire dont l'Angleterre est pourvue, est plus que suffisant pour servir de levier à sa fabrication. N'a-t-elle pas la ressource du papier-monnaie, qu'elle sait habillement créer?

La fabrication anglaise ne peut être un Pactole qui roulerait dans ses eaux des produits. Elle ne peut, par enchantement, par magie, fabriquer pour toute la terre, pour vêtir, habiller tous les peuples; car c'est là la spécialité de sa fabrication.

Le peuple anglais, sauf quelques crises, a jusqu'ici eu des débouchés dans ses possessions, et sur les marchés étrangers comme dans son intérieur, pour ses produits fabriqués.

L'anglais important en France pour une valeur de cent millions de francs, ou de quatre millions de livres sterling, de ses produits fabriqués, ou des produits de ses houillières, de ses mines de fer, les marchés de ses colonies qui sont seuls alimentés par cette puissance, et les marchés étrangers où elle verse ses produits, recevraient naturellement en moins les marchandises introduites en France; et la France trouverait de nouveaux débouchés dans ces mêmes colonies, sur les marchés étrangers où les produits anglais paraîtraient en moindre quantité. Vous voyez que *la balance* ne serait jamais défavorable à notre pays.

Mais la marine marchande de la France qui est languissante, qui ne prend rang, qu'après celles de l'Angleterre et des États-Unis d'Amérique, n'aurait-elle pas une plus grande activité? Le nombre de nos navires augmenterait bientôt. Notre navigation marchande égalerait promptement celle des anglais (1).

Des navires marchands construits en plus grande quantité, accroîtraient la richesse de la France, en instruments de travail.

Une carrière, et la moins encombrée serait ouverte à la jeunesse française. Ne faudrait-il pas des capitaines marins, des seconds, des timoniers, des subrécargues, des matelots, pour monter les nouveaux navires, et des armateurs pour les pourvoir de cargaisons ?

Les ouvriers qui seraient restés inoccupés par la fermeture de quelques ateliers, trouveraient de l'emploi dans l'augmentation du personnel des individus qui sont employés aux embarquements, aux débarquements, et aux transports pour l'intérieur du pays (2).

(1) « Il est vrai cependant qu'elle n'a pas progressé (la marine » marchande), au même degré que les autres industries du pays, » et que absolument parlant, LES MARINES ÉTRANGÈRES L'EMPORTENT SUR ELLE. » (Exposé des motifs du projet de loi sur les douanes, à la séance des députés du 31 mars 1847, par le ministre de l'agriculture et du commerce).

(2) Un journal de Paris, en parlant naguère des deux projets de loi qui sont élaborés à l'Assemblée législative, dans l'intérêt de la classe ouvrière, disait : « Ni l'un ni l'autre de ces projets ne peu-

L'INDUSTRIEL. Ces raisons sont très-convaincantes, elles demandent un sérieux examen, de la part de nos législateurs.

L'ÉCONOMISTE. De grands changements s'opèrent dans le monde. Les peuples ont une tendance à se rapprocher, à fraterniser. En se civilisant, et par une instruction plus avancée, de belliqueux qu'ils étaient, ils deviennent pacifiques. Le mouvement industriel agite tous les pays civilisés.

La Chine, ce vaste empire, sort de sa léthargie. Elle se réveille pour faire un pacte avec les peuples qui marchent en tête de la civilisation. Les navires de tous les pays maritimes et industriels se dirigent vers ses côtes. L'Angleterre vient de faire une trouée dans le céleste empire. Elle aura bientôt des comptoirs à Canton et à Pekin. La Russie presse l'empire de la Chine dans ses flancs. Les produits de ses industries y

» vent modifier le sort de la classe dont il faudrait surtout s'occu-
» per, de ceux dont les ressources sont évidemment insuffisantes,
» et qui ont trop à souffrir des misères de chaque jour, POUR SONGER
» AU LENDEMAIN.

» Le malheur de ceux-ci tient à un vice constitutionnel de notre
» société, et ce n'est pas par des palliatifs qu'on y portera remède.
» Il n'y a qu'une SEULE CHOSE à essayer en leur faveur : C'EST DE
» RENDRE LA PRODUCTION PLUS ABONDANTE ET L'ÉCHANGE PLUS
» FACILE ; c'est de procéder résolument AU DÉVELOPPEMENT LIBRE
» ET NORMAL DU CRÉDIT ; C'EST DE RÉGULARISER PAR L'ÉDUCATION,
» CETTE VITALITÉ NOUVELLE ET SURABONDANTE QU'APPORTE LA DÉ-
» MOCRATIE. Que la marche vers ce triple but, soit plus ou
» moins tortueuse, peu importe ; LA SOCIÉTÉ Y VIENDRA TÔT OU
» TARD. »

trouvent des débouchés. La même révolution se fait au Japon (1).

(1) « On ne peut cependant pas se dissimuler que le jour n'est » pas loin où le Japon sera forcé, comme la Chine, à renoncer à » son système d'exclusion; car les mers du Japon étant maintenant » le principal rendez-vous des baleiniers, les naufrages y vont » devenir plus fréquents que par le passé, et on ne peut pas sup- » poser que les grandes nations maritimes permettent à ce gou- » vernement ombrageux et despotique, de violer plus longtemps » le droit des gens et les lois de l'humanité.

» Ajoutons à cela le désir qu'ont les Anglais et les Américains » d'ouvrir avec les Japonnais, un commerce QU'ILS SUPPOSENT » DEVOIR ÊTRE DES PLUS LUCRATIFS. Ce désir a déjà donné lieu » à plusieurs expéditions récentes, à la suite desquelles nous som- » mes allés aussi nous faire congédier dans les vingt-quatre » heures.

» AVEC LA PERSÉVÉRANCE QUI LES CARACTÉRISE, les Anglais, » ou les Anglo-Américains ne tarderont pas à atteindre le but qu'ils » se proposent, et la Hollande cessera bientôt de posséder le mo- » nopole commercial que son ignoble conduite au Japon lui a » garanti pendant deux siècles.

» Quant à la France, quel rôle jouera-t-elle dans ces mers loin- » taines? celui qu'elle a joué en Chine depuis dix ans. Le rôle » d'un météore lumineux et bruyant qui attire soudain tous les » regards, et remplit le ciel de son éclat; mais qui disparaît presque » aussitôt ne laissant après lui que l'obscurité, le silence, l'oubli, » le néant.

» Nous sommes allés les premiers partout; nous avons étudié » les produits de toutes les contrées du monde; nous avons sondé » tous les mouillages; nous avons fait des traités de commerce avec » tous les peuples, mais là se sont toujours bornés nos efforts, et » nous avons toujours laissé à d'autres le soin d'en recueillir les » fruits.

» Si l'entrée du Japon est forcée, notre pavillon ne manquera » pas d'aller y faire parade. Il est allé à Canton, à Chang-Haï, en » Corée, à Liou-Kiou, à Touranne et ailleurs; mais là s'arrêtera le » savoir-faire de notre diplomatie et de notre commerce, tandis

Les îles Sandwich dans l'archipel océanique, se civilisent aussi. Elles ont fait un traité de commerce avec la France, et la France n'a pas oublié de faire stipuler dans ce traité : « Que les marchandises fran-
» çaises ne pourront être prohibées ou soumises à un
» droit d'entrée plus élevé que celui de 5 p. 0/0 *ad*
» *valorem*. Les vins, les eaux-de-vie et autres li-
» queurs spiritueuses sont exceptés, et pourront être
» soumis à tout droit équitable dont le gouvernement
» des îles Sandwich jugera convenable de les frapper;
» mais à condition que *ce droit ne sera jamais élevé*
» pour devenir *un empêchement absolu à l'importa-*
» *tion desdits articles.* »

La France exige des peuples avec lesquels elle fait des *traités de commerce*, que les marchandises ne soient pas *prohibées*, qu'elles soient imposées *très-modérément*; lorsqu'elle pratique chez elle un système opposé! N'a-t-elle pas à craindre un jour des représailles générales?

L'Orient se civilise. Notre industrie manufacturière voit ses produits bien accueillis s'y répandre. Les mœurs, goûts, usages européens s'infiltrent en Asie, en Afrique. Nos costumes plus simples; mais plus susceptibles d'être renouvelés, remplacent les riches et voluptueux costumes asiatiques.

» qu'avec moins d'ostentation et plus de VRAI PATRIOTISME, les
» Anglais, les Américains ASSURERONT A LEUR POLITIQUE UNE
» INFLUENCE NOUVELLE ET A LEURS INDUSTRIES DE NOUVEAUX
» DÉBOUCHÉS. » (La *Presse*, journal de Paris, du 14 mai 1849).

Les futurs législateurs de ces beaux pays sont venus puiser leurs instructions à Paris; faire leur éducation européenne dans nos prytanées, dans nos écoles publiques. Ils emportent chez eux les éléments de la civilisation, les principes de l'économie sociale et politique, les principes de notre droit public, de notre législation criminelle et civile. Ils parlent notre langue, cette langue diplomatique : ils la propageront.

Nos industries et notre marine marchande ont là de grands véhicules d'un heureux avenir; la France doit donc puiser dans toutes ces sources de prospérité, un grand bien-être pour toute sa population.

L'Industriel. Je ne puis que partager vos idées sur les progrès de la civilisation dans presque tout l'univers, et sur la tendance qu'ont les peuples avancés en civilisation, à devenir plus industrieux, plus commerçants.

Les guerres avec l'Angleterre sont moins à redouter. Les pays industriels ne peuvent, sans de graves motifs, exposer l'état de prospérité dans lequel ils se trouvent, pour attirer chez eux les malheurs affreux qu'entraînent les guerres; mais chaque pays doit néanmoins protéger son travail national d'une manière quelconque.

L'Économiste. Le travail seul donne des produits, c'est incontestable; mais le travail de l'industrie manufacturière est-il l'unique dans le pays? tout le pays n'est-il pas en travail? le commerce extérieur est aussi un travail national; la Hollande n'a, en quelque sorte, jamais connu que celui-là.

La France a des côtes maritimes très-étendues; c'est le pays de l'Europe dont les côtes présentent le plus de développement, et les plus abordables dans toutes les saisons.

Des villes populeuses, commerçantes sont assises sur ces côtes; des richesses y sont accumulées. La population active, laborieuse des ports de commerce, est non-seulement intéressée à ce que le travail national ne soit pas ralenti; mais elle lui demande plus d'élasticité.

Il ne faut pas concentrer la prospérité du pays dans son industrie manufacturière parvenue aujourd'hui à sa virilité.

Appelons *travail national*, tous les travaux productifs auxquels le peuple français se livre, en faisant mouvoir ses trois industries, agricole, manufacturière et commerciale.

Les principaux ports de commerce seront bientôt, par les chemins de fer, à *trente heures* au plus de distance des villes manufacturières.

Paris a son port de mer : c'est le *Hâvre*. Les grandes lignes des chemins de fer vont faire converger tous les produits dans un rayon très-rapproché. Nos productions se répandront avec plus d'égalité dans toute la France. Un coin du pays ne sera plus dans la misère, et un autre coin à l'apogée de sa prospérité.

Les transports plus prompts, moins chers, diminueront la valeur vénale des produits; celle qui ne profite à personne.

Que faut-il à la France? d'immenses débouchés à l'étranger, qu'elle rencontrera dans une liberté du commerce extérieur, moins restreinte ; dans de relations commerciales avec tous les peuples, encadrées dans une nouvelle législation des douanes, qui aura pour base le véritable droit international, c'est-à-dire une liberté commerciale entre tous les peuples sagement et habilement pondérée; par une diplomatie franche, loyale et ferme; et par une marine militaire qui saura faire respecter le pavillon français sur toutes les mers, et pourchassera tous les pirates dont elles pourraient être infestées.

Malheureusement, chacune des trois industries a un camp où des combattants sont en présence, et chaque industrie a son organe dans la presse quotidienne.

C'est ce défaut d'union qu'il faut combattre! c'est la fusion de tous les intérêts qu'il faut appeler à grands cris! c'est par la conciliation de tous ces intérêts matériels divergents dans les trois industries, que le travail sera véritablement *national*; qu'il rendra notre belle France plus calme, plus morale et plus prospère!

Cette conciliation est dans la liberté pondérée pour toutes les industries (1).

(1) « Il faut que le régime de la liberté soit bien favorable à l'in-

La plupart des villes maritimes sont manufacturières. L'écoulement de leurs produits doit se faire autant par des débouchés intérieurs qu'extérieurs. Les matières premières de l'industrie cotonnière ne peuvent arriver que par mer.

Que l'on compare les millions d'habitants dont la terre est peuplée avec les trente-six millions de Français! Les débouchés extérieurs ne sont-ils pas plus considérables que ceux offerts par la consommation

» dustrie, puisque au milieu des évènements qui paraissaient de-
» voir en étoufler tous les germes, on l'a vue s'étendre, se per-
» fectionner et prospérer. Les guerres désastreuses que nous
» avons eues à soutenir DÉPEUPLAIENT LES ATELIERS ; le vieillard
» descendait dans la tombe sans trouver auprès de lui un seul de
» ses enfants à qui il pût léguer le fruit de son expérience ; LES
» LOIS DU MAXIMUM VIDAIENT LES MAGASINS ET ENTRAÎNAIENT LA
» RUINE DU FABRICANT. LES RÉQUISITIONS ENLEVAIENT ARBITRAI-
» REMENT LES PRODUITS DE TOUTES NOS MANUFACTURES ; DES DROITS
» ÉNORMES PESAIENT SUR LES MATIÈRES PREMIÈRES ; L'INSUBORDI-
» NATION RÉGNAIT DANS LES ATELIERS ; LA VIE DES ENTREPRENEURS
» ÉTAIT A LA MERCI DES OUVRIERS DÉNONCIATEURS ! Qui croirait
» que les plus grandes découvertes datent DE CES TERRIBLES ÉPO-
» QUES ! Qui croirait que du milieu de cette tourmente révolution-
» naire, sont sorties ces conceptions heureuses, ces prodiges du
» génie qui, en quelques années, ont enrichi la France de tout
» ce que les étrangers avaient de plus parfait, ET ONT CRÉÉ DES
» ARTS INCONNUS A NOS VOISINS !

» Laissons donc une entière liberté au commerce et à l'indus-
» trie ; qu'il soit permis à chacun d'exercer une profession de la
» manière qui lui paraît le plus utile ; qu'il lui suffise d'en faire
» la déclaration à l'autorité locale qui inscrira son nom, ses pré-
» noms et profession sur les registres ; SA CONDUITE, SON INTEL-
» LIGENCE ET LE CONSOMMATEUR DÉCIDERONT ENSUITE DE SON
» SORT. » (Chaptal, *de l'Industrie française*), tome 2, page 324).

du pays? Cependant des économistes, je dirai même des socialistes partagent cette opinion, que le marché français est à lui seul le fondement du bien-être du peuple français. On professe même que l'organisation du travail agricole fera de la France *un éden.*

L'Industriel. La France devrait imiter l'Angleterre: coloniser des pays où elle aurait un surcroît de débouchés pour ses produits manufacturés.

L'Économiste. Cette observation est juste. La France pourrait verser le trop plein de sa population, en Algérie, à Madagascar. Cette île immense de Madagascar pourrait recevoir une population française et donner, en définitive, au pays une colonie florissante. La Guyane française a une étendue considérable, un sol fertile ; elle deviendrait un jour une belle colonie.

La vieille Europe est dans des convulsions pour les intérêts matériels. Avide de richesses, elle ne peut calmer cette soif de l'or, qu'en transportant le superflu de sa population dans des terres encore vierges de cultures et de civilisation.

Au lieu de périr dans des étreintes de misère ou de privations, l'Europe trouvera dans une émigration soutenue par chaque gouvernement, un bien-être qui sera dans toute sa réalité, pour la population qu'elle conservera.

Les nouvelles colonies prospérant, échangeront leurs produits avec ceux de la métropole. L'équilibre s'établira entre tous les peuples. Entre les peuples des divers États de l'Europe plus industriels qu'agricoles, et les peuples beaucoup plus agricoles qu'industriels, des divers États des autres parties du globe.

L'INDUSTRIEL. Le législateur doit s'occuper activement à concilier les trois industries, sources uniques des richesses et de la prospérité du pays; mais comment concilier la liberté d'un commerce extérieur avec la protection que les autres industries réclament?

L'ÉCONOMISTE. C'est moins difficile que l'on ne croit. Il faut vouloir fermement; attaquer le mal jusqu'à la racine; prévenir le monopole et le combattre dès qu'il apparaît. Les progrès du monopole sont prompts; c'est une traînée de poudre qui met le feu à la mine, si elle n'est pas enlevée avant qu'elle n'éclate. Fonder le crédit public; ne jamais s'écarter d'une liberté ayant pour socle l'ordre public, et ne jamais perdre de vue les interêts de la classe laborieuse; c'est sur elle que repose la tranquillité du pays, et en même temps toute sa prospérité.

Pourrait-on soutenir avec fondement que le système prohibitif a pour base une ombre de liberté? n'est-ce pas le symbole d'un régime belliqueux?

Il est vrai que les défenseurs de la prohibition se drapent dans leurs écrits, avec ce mot *travail national;* feignant de croire que l'Angleterre maintiendra toujours le système prohibitif et qu'elle conservera le monopole des marchés de ses colonies. Oh! dans ce cas, la France doit continuer de repousser de ses côtes et frontières les marchandises anglaises! Mais que l'Angleterre proclame l'*égalité* des relations commerciales de ses colonies avec tous les pays; qu'elle abolisse en entier ses prohibitions et ses droits prohibitifs, alors la France pourra, sans aucun risque, ouvrir ses ports et ses frontières aux produits anglais avec un droit d'entrée modéré (1)!

L'Industriel. Il faut donc attendre le bon plaisir de l'Angleterre. Vous subordonnez la modification de notre législation des douanes à celle que l'Angleterre a déclaré vouloir faire; car jusqu'ici elle n'a fait que quelques pas.

L'Économiste. Il ne faut toucher au régime prohibitif d'une manière *radicale*, que lorsque l'Angleterre aura proclamé dans sa législation un système d'échanges conforme aux principes du droit national.

(1) M. Chaptal écrivait: il y a 30 ans (*Industrie française*), « L'Angleterre a adopté le système des prohibitions, et en le maintenant, quoique LA PROSPÉRITÉ DE SES FABRIQUES NE DOIVE PAS » LUI FAIRE CRAINDRE LA CONCURRENCE, ELLE A FORCÉ LES AUTRES » NATIONS A L'IMITER. Cette conséquence était si naturelle qu'elle » aurait pu être prévue. »

» Si l'Angleterre changeait de système, et qu'elle ADMIT, MOYEN» NANT DES DROITS MODÉRÉS, LES PRODUITS FABRIQUÉS ET LES PRO» DUCTIONS TERRITORIALES DU RESTE DE L'EUROPE, si elle traitait » les autres nations à l'égal l'une de l'autre, les relations commer» ciales ne tarderaient pas à se rétablir, LES MURS DE SÉPARATION » QUI ISOLENT LES PEUPLES TOMBERAIENT, ET LE COMMERCE REDE» VIENDRAIT CE QU'IL DOIT ÊTRE, UN ÉCHANGE LIBRE DE PRODUITS » ENTRE LES NATIONS.

C'était en 1818, que M. Chaptal écrivait ce qu'on vient de lire. On se demande si depuis lors, la France n'a pas atteint le degré de perfection de sa rivale en industrie, dans sa fabrication? L'exposition de 1849 répondra à cette question.

Mais si les hommes d'État anglais n'ont pas toujours respecté les droits des nations, s'ils s'en sont écartés, et ont, par fois, foulés aux pieds les droits sacrés d'*égalité et de fraternité* entre tous les peuples, la nation anglaise sait, en masse, ramener ses hommes d'État aux principes immuables de l'économie sociale et du droit des gens, par d'énergiques manifestations soutenues par la foudroyante et imposante opposition qui existe toujours dans le parlement anglais avec des vues élevées et patriotiques.

Le peuple anglais a, dans toutes nos révolutions, sympathisé avec nous. Il a toujours applaudi à nos élans de patriotisme, lorsqu'ils ont été purs.

On se rappelle combien il a fallu de talents et de génie à Pitt, pour obtenir du parlement anglais des subsides à l'effet de former une première coalition contre la France, après la mort de Louis XVI.

La Grande-Bretagne est aujourd'hui profondément pénétrée de cette pensée que partagent ses hommes d'État et son parlement, qu'elle doit marcher d'un pas égal avec la France, en civilisation, en politique et en industries.

Les deux puissances en guerre ébranleront le monde, en paix, elles en seront l'arbitre.

Napoléon n'a-t-il pas dit sur son rocher de Sainte-Hélène, sur lequel l'Angleterre l'avait inhumainement cloué, la France DOIT ÊTRE EN GUERRE AVEC L'ANGLETERRE OU PARTAGER AVEC ELLE LE COMMERCE DU MONDE.

L'Industriel. Vous convenez que nous ne pouvons abolir le systéme prohibitif, l'Angleterre n'agissant, elle même, qu'à pas lents.

L'Économiste. Il faut agir avec prudence, c'est certain, pour ne pas jeter dans la perturbation nos ateliers, par une abolition subite du régime prohibitif. Mais l'Angleterre n'a-t-elle pas déjà porté un fer chaud dans la plaie, en imposant à des droits modérés des marchandises qui étaient prohibées?

Il est bien constaté que la France tire déjà un grand bénéfice de la modification que la législation des douanes a subie en Angleterre, puisque nos exportations dans ce pays s'élèvent à une valeur de soixante-sept millions de francs (1).

La France est donc en retard, ne doit-elle pas se hâter de mettre sa législation sur le pied de l'égalité, ou de réciprocité avec l'Angleterre? Ne doit-elle pas ensuite abaisser les droits d'entrée des matières premières (2)?

(1) Un bottier me disait à Paris, que le travail, en ouvrages de cordonnerie, principalement en bottes, ne s'était soutenu et relevé, après la révolution de Février, que par l'exportation qui s'en faisait en Angleterre. Ce pays a enlevé la prohibition qui frappait *le cuir ouvré*. Il l'a imposé à l'entrée comme cuir brut; la différence est énorme entre un cuir non tanné, et un ouvrage de cordonnerie.

(2) « Dans la vue d'encourager les productions de notre sol, » bien des personnes s'imaginent qu'il faut imposer celles des » pays étrangers. Mais outre qu'un pareil système serait nuisible » aux fabriques, il tarirait à sa source le plus précieux de nos

Il faut aussi supprimer les primes à l'exportation (1).

» ÉCHANGES, celui qu'on doit surtout rechercher, parce que la main-» d'œuvre qu'on applique au travail des matières premières tirées » de dehors, est une richesse de plus pour la nation. » C'est M. Chaptal qui s'exprime ainsi, toujours dans son ouvrage de *l'Industrie française*, qui a paru avant la législation actuelle des douanes sur les matières premières, sur les primes à l'exportation et sur les grains.

(1) On a imaginé de mitiger la surcharge des droits d'entrée sur les matières premières, en donnant des PRIMES A L'EXPORTATION, c'est-à-dire, que le fabricant est remboursé des droits d'entrée, quand il exporte des marchandises ouvrées avec des matières étrangères. On a voulu, par ce mode, amoindrir la concurrence que nos produits rencontrent sur les marchés étrangers. En examinant attentivement cet encouragement donné seulement à notre commerce extérieur, on reconnaît que la prime n'est favorable qu'aux fabricants, et est préjudiciable aux ouvriers et aux consommateurs.

Le marché français qui a été jusqu'ici plus considérable en consommation des objets fabriqués avec des matières étrangères comme le coton, que le marché étranger, supporte presque en entier le *droit d'entrée élevé*. Pour se dédommager de ce *droit élevé*, le fabricant maintient autant que possible, le salaire de l'ouvrier à un taux bas. Ne faut-il pas que le fabricant trouve dans le prix *de revient* les droits d'entrée de la matière première?

Les primes sont encore une imitation anglaise ; mais le système anglais est facile à concevoir. L'exportation de ce pays est beaucoup supérieure à sa consommation intérieure. Les primes profitent à cent vingt millions d'habitants peuplant les colonies anglaises. Le marché intérieur anglais fait donc un bien faible sacrifice. Il est d'ailleurs racheté par une exportation colossale donnant de grands bénéfices.

La seule protection qui convienne à la France, c'est *un faible droit d'entrée* sur les matières premières, si on ne veut pas les en affranchir : ce que la première Assemblée nationale constituante avait pourtant fait par sa loi du 15 mars 1791.

La crise des subsistances de 1847, a fait faire de profondes réflexions aux publicistes, sur l'importance que doit avoir pour le pays, une modification dans le système protecteur, et une plus grande expansion dans les échanges avec tous les peuples.

Qu'on y songe! qu'on ne perde pas de vue l'augmentation de la population! elle réclame des subsistances en plus grande abondance, que par le passé, et l'emploi d'un plus grand nombre de bras.

Plus un peuple est industrieux, plus ses travailleurs ont besoin d'une bonne nourriture, pour conserver des forces que des travaux continuels et pénibles affaiblissent. De là la nécessité d'avoir des subsistances abondantes en grains et en bestiaux.

C'est ce que les Anglais ont compris en proclamant la liberté d'importation des grains étrangers. Ils peuvent aujourd'hui être introduits dans tous les ports des îles Britaniques, *en franchise de droits.*

Voilà une modification hardie dans la législation anglaise, que la France n'aura jamais le courage d'imiter. Nos législateurs auront toujours cette pensée, que nos voisins d'outre-manche nous tendent un piége (1).

(1) Je sais que les propriétaires qui possèdent des domaines ruraux où le blé est la principale récolte, verraient décroître leurs revenus, et leurs domaines perdraient de valeur, si le blé ne se maintenait pas au prix de 23 à 26 fr. l'hectolitre, principalement dans la zône méridionale : ils ont donc intérêt à la conservation de la législation actuelle des grains. Mais depuis la paix générale,

L'Industriel. Je ne vous ai jamais contesté la modération des tarifs des douanes, pour les grains, pour les bestiaux, pour les matières premières, pour les denrées coloniales. Les matières premières, faible-

les écrivains agronomes ne cessent de conseiller aux grands producteurs de blé, qu'il y a nécessité pour eux de varier leurs cultures, de s'adonner à l'engraissement et à l'élève des bestiaux, par les prairies artificielles; de cultiver la garance, les cardons bonnettiers, les graines oléagineuses; de se livrer à de grandes plantations de mûriers, d'oliviers, d'amandiers, de pruniers, de pommiers, de noyers, et même de la vigne sur les côteaux.

Le système prohibitif aboli en France et à l'étranger, tous ces divers produits seront exportés en grande quantité. Aujourd'hui, on reçoit en Angleterre, de la garance, des graines de trèfle, de luzerne, de sainfoin, des blés et des bestiaux gras, de la viande fraîche, dans des vases de fer-blanc, même des œufs et des fruits frais, venant de France.

Peut-on ensuite contester ce fait qui ressort d'une bonne économie administrative, même sociale, puique une disette ébranle *l'édifice social*, c'est que la population générale de la France a besoin que le prix du blé ne dépasse pas 20 fr. l'hectolitre. Mais il ne peut guère descendre au-dessous de ce prix. Le blé venant des ports de la Russie, ne peut être vendu à un prix moindre de 20 fr., serait-il importé en exemption de droit; c'est ce que M. Wolwski a statistiquement prouvé, au Congrès agricole de Paris, en 1847. D'ailleurs, l'exportation qui se fera annuellement de cette denrée en Angleterre, la maintiendra toujours au moins à 20 fr. l'hectolitre.

Sous un autre point de vue économique et politique, les propriétaires fonciers, ou fermiers qui vendent du blé, sont en nombre bien inférieurs aux propriétaires cultivateurs qui consomment eux-mêmes leurs récoltes en blé; il faut y joindre la classe ouvrière qui ne possède pas le sol.

Quant au propriétaire cultivateur, *le colon partiaire* est dans le même cas, il n'a qu'un but: c'est de récolter suffisamment du blé et d'autres grains, pour être nourris toute l'année lui et sa famille. S'il doit acheter du blé, il tombe tout à coup dans la ment tarifiées, sont une protection réelle pour l'industrie manufacturière; c'est même le seul moyen d'élever au point où ils doivent être, les salaires des ouvriers pour qu'ils vivent d'une manière confortable, et puissent faire des économies.

misère. Il importe peu au cultivateur qui a sa provision de blé pour l'année, que cette denrée soit chère ou à vil prix. Le plus grand nombre des agriculteurs français se trouvent dans cette catégorie. La statistique est ici facile à établir par le nombre de côtes cadastrales peu élevées. Cette classe veut donc l'abondance comme la classe ouvrière; car si les deux classes achètent le blé à un prix élevé; il y a nécessairement une forte secousse dans l'édifice social.

Il y a dans la Grande-Bretagne de plus grands tenanciers en terres, qu'en France. Ils ont fait une opposition très-vive au bill sur les céréales, surtout à celui qui les exempte d'un droit d'entrée; ils demandent chaque année qu'il soit abrogé. Mais le gouvernement britanique a pris en considération la position des travailleurs qui consomment beaucoup plus de pain que la classe opulente. Nous nous trouverons incessamment en France dans la même position; nous y marchons à grands pas par l'augmentation très-sensible de la population; surtout par le nombre croissant des ouvriers. Qu'on se reporte aux angoises des travailleurs, et même des petits propriétaires cultivateurs, en 1847! La ville de Paris fut obligée, de 1846 à 1847, de faire des sacrifices énormes pour maintenir le pain à 40 cent. le kilog. Elle a délivré des bons à 450 mille habitants sur une population d'un million. Pour les autres habitants, le pain fut taxé jusqu'à 69 cent. le kilog. Il est en temps ordinaire, à 28 cent le kil. première qualité.

« Empêcher l'agriculture d'échanger les grains contre des fers ou » des charbons étrangers, pour qu'une classe de producteurs retire » un prix plus élevé de sa fabrication, ce n'est pas là seulement » *une question d'économie politique, c'est encore une question de* » *droit;* et la justice a son rôle à jouer dans la situation d'un tel » problème. » (M. Édouard Laboulaye, professeur au collége de France, dans son *Histoire des législations comparées*, *revue de législation et de jurisprudence*, tome 2, page 30; 1849.

Avant d'être introduites en France, les matières premières ont d'abord été imposées à la sortie des pays producteurs, et grevées des frais de transport, de navigation, de pilotage; si elles sont encore imposées à un *droit d'entrée très-élevé*, elles acquièrent une valeur qui porte à un prix naturellement très-haut, l'objet fabriqué dont elles sont l'ingrédient.

Le fabricant qui éprouve une forte concurrence même dans l'intérieur, est donc obligé de diminuer les salaires des ouvriers. Toutes les autres dépenses de fabrication lui sont obligatoires, comme intérêt du capital prêté, achat des matières premières, achat ou renouvellement des machines, des outillages, leurs entretiens; même le loyer de la fabrique. Malgré tous ces frais inévitables, des cotonnades, des étoffes de coton peintes sont vendues à des prix très-modérés. Ce bon marché, à cause des prix élevés des matières premières, est nécessairement au préjudice des ouvriers dont un très-grand nombre mènent avec une famille, une chétive existence (1).

Dans ma conviction, on devrait prendre pour règle *dans le droit d'importation*, les droits d'entrée du tarif général du 15 mars 1791.

J'ai ensuite de la peine à concevoir qu'on ne puisse

(1) M. Blanqui aîné a fait, avec éloquence, un tableau sombre, navrant le cœur, de l'existence de la classe ouvrière dans les manufactures, et surtout dans celles des cotonnades. (Voir son Rapport à l'Académie des sciences morales et politiques).

pas obtenir du gouvernement français, une grande modification *dans la taxe des droits d'entrée*, pour les denrées coloniales. Les Anglais les ont diminués, et les Américains admettent en franchise le *café* et le *thé*.

Quand aux marchandises frappées de prohibitions, ou de droits que vous appelez prohibitifs, parce qu'ils sont très-élevés, je suis moins décidé à vous faire des concessions. Cependant je reconnais *qu'il y a beaucoup à faire*; que le système prohibitif ne peut rester debout, si l'Angleterre l'abolit; mais il faut aller par progressions, pour ne pas froisser les intérêts si nombreux et si vivaces de notre industrie manufacturière qui vient encore d'être ébranlée par nos commotions politiques.

Suivons l'Angleterre dans le relâchement de ses prohibitions; dans sa marche vers une liberté plus absolue dans ses relations commerciales avec tous les peuples; puisque nous l'avons imitée avec de très-grands avantages dans son régime prohibitif; soyons convaincus que cette puissance n'agira pas en aveugle (1)!

(1) La réponse faite récemment au parlement anglais par sir Robert Peel, à la motion de M. Disraëli qui attribuait la diminution des revenus publics de la Grande-Bretagne, à la modification de la législation des douanes de cette nation, dans un sens plus libéral, la réponse, dis-je, de sir Robert Peel à cette motion, nous donne le tableau exact des importations et des exportations de l'Angleterre.

En 1848, cette puissance a reçu en importations pour UNE VALEUR de £9 millions sterling, et elle a exporté pour *une valeur* de 133

L'Économiste. Notre nouvelle révolution nous ayant donné des institutions tout à fait démocratiques, pour être conséquente avec les principes qu'elle a proclamés, doit inspirer à nos législateurs des idées progressives en bien-être.

Un grand développement de notre commerce extérieur, et la révision de la législation des douanes sans laquelle ce développement ne peut avoir lieu, peuvent seuls donner une aisance générale au peuple français.

C'est un grand commerce avec les peuples d'outremer qui résoudra toutes ces questions orageuses, d'*organisation du travail*, *du droit au travail et d'assistance.*

millions sterling d'objets fabriqués par son industrie : ce qui fait un total de deux cent vingt-deux millions livres sterling, ou *en francs*, *cinq milliards cinq cent cinquante millions.*

La France n'a eu, en 1847, année des plus prospères, que 2 *milliards six cents millions en importations et en exportations*. (Message de M. le Président de la République à l'Assemblée législative). Il y a une différence *de deux milliards neuf cent cinquante millions* de francs en faveur de l'Angleterre.

Ces deux milliards neuf cent cinquante millions de francs, répartis entre les 36 millions d'habitants donneraient par an 82 fr., et en comptant cinq membres dans une famille père, mère et trois enfants, ce serait 410 francs pour chaque feu. Il faudrait ajouter à ces trois milliards, les produits d'une marine marchande qui serait augmentée *de trois cinquièmes.*

En faisant la répartition des trois milliards que pourrait nous donner une très-grande extension du commerce extérieur, je n'ai pas entendu faire *du communisme*, je veux par là démontrer que la position de toutes les classes de la société serait grandement améliorée.

Le travail ne peut être réparti convenablement, que par une grande production, et par des échanges à l'étranger, en rapport avec les produits indigènes.

Quand il y aura une immense exportation, il y aura une immense production intérieure, et une immense importation.

Vainement on *règlementera le travail*! Vainement on créera des caisses d'épargnes, des caisses de retraites pour les ouvriers! il y aura toujours souffrance dans les classes pauvres; envie, inquiétude contre la classe riche! La classe aujourd'hui pauvre, et presque dans le dénuement, n'aura une position médiocre, mais heureuse, que par un travail abondant et incessant. Alors, toutes les classes de la société feront des économies, et le paupérisme disparaîtra complètement.

C'est à son organisation sociale que l'Angleterre doit son *paupérisme*.

Cette puissance a encore des priviléges attachés au sol. Cependant, les travailleurs anglais ont une existence beaucoup plus confortable que celle des travailleurs français.

La grande inégalité de fortunes provient, en Angleterre, de la constitution sociale du pays, de son aristocratie territoriale et industrielle; c'est ce qui explique pourquoi il y a, dans la Grande-Bretagne, *une taxe des pauvres*. Et la profonde misère de l'Irlande découle d'un manque presque complet d'une fabrication. Si cette constitution sociale de l'Angleterre peut avoir des vices aux yeux des publicistes démocrates, ils sont rachetés par une liberté individuelle, par une liberté d'agir, de faire, de parler et d'écrire, et par un esprit national qui ont élevé cette puissance à cet état de force, de grandeur et de prospérité où elle est!

Le Français qui est affranchi du système féodal qui est égal devant la loi, parviendra à un bien-être réel dans tous les échelons de la société, par le travail industriel prenant sa source dans le crédit foncier et commercial, solidement établi, et dans des relations commerciales avec le monde entier, en civilisant les peuples encore barbares, et colonisant des pays déserts. Mais pour arriver à ce point de prospérité qui nous donnera LA VRAIE FRATERNITÉ, il faut une législation des douanes très-libérale, en harmonie avec les institutions démocratiques du pays. Il faut donc s'affranchir au plus tôt du régime prohibitif, et des tarifs élevés; restes ou débris de nos anciens privilèges, entraves peu dignes du peuple français, au dix-neuvième siècle.

FIN.

ERRATA.

—

Page 36, ligne 13, *au lieu de* chicoré, *lisez* : chicorée.
Page 70, ligne 18, — contestés, *lisez* : contesté:
Page 74, ligne 7, — suivi, *lisez* : suivie.
Page 82, ligne 26, — prêts, *lisez* : emprunts.
Page 84, ligne 2, — ont les monts-de-piété, *lisez* : a les monts-de-piété.
Page 117, ligne 16, — méteengs, *lisez* : méetings.

TABLE.

www.ingramcontent.com/pod-product-compliance
Ingram Content Group UK Ltd.
Pitfield, Milton Keynes, MK11 3LW, UK
UKHW020118200726
13856UKWH00002B/611

9 782013 444750